Ausstellung
im Heimatmuseum Reutlingen
zum 125. Geburtstag von Leni Matthaei
26. 4. – 21. 6. 1998
Öffnungszeiten:
Dienstag – Sonntag 10–17 Uhr
Donnerstag 10–20 Uhr

Leni Matthaei

Spitzen des 20. Jahrhunderts

Heimatmuseum Reutlingen

Herausgeber:
Heimatmuseum beim
Schul-, Kultur- und Sportamt
der Stadt Reutlingen
Oberamteistraße 22, 72764 Reutlingen

Konzeption von Ausstellung und Katalog:
Cornelia Matz M.A.

Redaktionelle Bearbeitung:
Dr. Martina Schröder

Kataloggestaltung und drucktechnische Betreuung:
Hermann Pfeiffer, Reutlingen

Herstellung:
TC Druck, Tübingen
Reprostudio 16, Dußlingen (Farbteil)
Buchbinderei Koch, Tübingen

Papier:
Phoenix-Imperial naturweiß holzfrei, 170 g/m²

Gedruckt mit finanzieller Unterstützung
des Deutschen Klöppelverbandes e.V.

ISBN 3-927228-83-4

Inhalt

Porträt
Leni Matthaei
Fotografie, 1945
HMR, Inv.-Nr.
1994/675

Leni Matthaei
im Alter von
72 Jahren.

Vorwort

Leni Matthaei war eine der kreativsten Künstlerinnen im Bereich der Spitzenherstellung im 20. Jahrhundert. Sie leistete in diesem Kunstgewerbe den Übergang vom Historismus zur Moderne, beeinflußt von den neuen avantgardistischen Kunstströmungen anfangs des 20. Jahrhunderts.

Ihren 125. Geburtstag nimmt das Heimatmuseum Reutlingen zum Anlaß, um an die Künstlerin Leni Matthaei, die fast 40 Jahre in Reutlingen tätig war, zu erinnern und ihre Werke – Gebrauchstextilien ebenso wie eigenständige Textilkunst – neu zu entdecken. In der Sammlung des Heimatmuseums, die auch Spitzen aus der Produktion Reutlinger Frauen des 18. und 19. Jahrhunderts – sogenannte Reutlinger Artikel – enthält, sind Klöppelarbeiten aus der gesamten Schaffenszeit Leni Matthaeis vertreten. Bereits 1950 begann das Reutlinger Museum, Arbeiten der Spitzenentwerferin zu sammeln, und über dreißig Jahre hinweg wurde der Bestand nach und nach erweitert. Das Reutlinger Heimatmuseum verfügt inzwischen über eine stattliche Sammlung von 32 Leni-Matthaei-Spitzen, darunter wesentliche Werke ihrer Reutlinger Zeit. Diese werden nun zum ersten Mal der Öffentlichkeit vorgestellt.

Die Reutlinger Sammlung war die Ausgangsbasis für die Ausstellung. Um sie aber im Rahmen des Gesamtwerks zeigen zu können, haben wir weitere wichtige Werke als Leihgaben einbezogen, die sich in vielen Museen in Deutschland, in der Schweiz und in den USA sowie bei vielen Privatpersonen befinden. Die Ausstellung kann so einen qualitätsvollen Überblick über die wichtigsten Arbeiten und Schaffensphasen Leni Matthaeis geben, der in diesem Katalog dokumentiert wird. Mit der Präsentation von Aquarell- und Wachsstiftzeichnungen wird zudem die tatsächliche Entwurfsarbeit, die eigentliche Stärke von Leni Matthaei, und ihre Auseinandersetzung mit Künstlern der Moderne deutlich.

Daß diese seit Jahrzehnten umfangreichste Ausstellung zum Werk Leni Matthaeis zustande kam, haben wir besonders dem Entgegenkommen der vielen Leihgeber zu verdanken, die uns in unserer Arbeit sehr unterstützt haben. Besonders hervorzuheben sind dabei Herr Dieter Jaensch und Frau Ortrud Jaensch, die uns in großzügiger Weise Spitzen und Zeichnungen aus dem Nachlaß von Leni Matthaei zur Verfügung gestellt haben. Weiterer Dank gebührt auch den anderen Verwandten der Künstlerin, die mit Begeisterung den Plan einer Ausstellung aufgenommen und uns mit ihren Stücken geholfen haben. Sehr zu Dank verpflichtet sind wir darüber hinaus Frau Carla Müller-Sauer, auf deren Anregung die Ausstellung eigentlich erst zustande kam und die uns als Mitglied der Reutlinger GEDOK-Gruppe und des Deutschen Klöppelverbandes eine wichtige Ratgeberin und Verbindungsperson war. Nicht zuletzt half sie dem Museum bereits 1994 bei der Inventarisierung der Leni-Matthaei-Spitzen. Für die Unterstützung der Ausstellung und für die Beteiligung an den Kosten des Katalogs dürfen wir uns ganz herzlich beim Deutschen Klöppelverband e.V. und insbesondere bei den Vorsitzenden Frau Marianne Stang und Frau Christa Zimmermann bedanken. Sie haben das Projekt von Anfang an selbstverständlich unterstützt.

Ein besonderer Dank ist der Projektbearbeiterin, Frau Cornelia Matz, auszusprechen. Sie hat mit großem Engagement die wissenschaftlichen und organisatorischen Arbeiten zur Realisierung von Ausstellung und Katalog durchgeführt. Auch die Kolleginnen und Kollegen beim Heimatmuseum, die zuverlässig und tatkräftig mitgewirkt haben, sowie Herr Hermann Pfeiffer, der die sorgfältige Gestaltung des Katalogs vornahm, sind in die Danksagung einzubeziehen. Ausstellung und Katalog laden dazu ein, versteckten Schätzen aus dem Heimatmuseum zu begegnen und sich mit dem umfangreichen Werk einer bedeutenden Reutlinger Künstlerin auseinanderzusetzen.

Dr. Werner Ströbele
Museumsleiter

Grußwort

Der Deutsche Klöppelverband e.V. wurde 1983 gegründet. Er hat es sich zur Aufgabe gemacht, die alte kunsthandwerkliche Technik zur Herstellung von Klöppelspitzen zu bewahren, zu pflegen und zu erforschen. Der Förderung zeitgemäßer Spitzen fühlt er sich jedoch in besonderer Weise verpflichtet. Zu diesem Zweck werden jährlich Wettbewerbe durchgeführt, bei denen neue Arbeiten und Experimente mit verschiedenen Materialien vorgestellt werden. Im Bemühen um zeitgemäße Ausdrucksformen steht der Deutsche Klöppelverband Leni Matthaei nahe, denn auch sie suchte nach neuen Wegen für die Spitzenkunst.

Wir begrüßen es, daß Reutlingen anläßlich des 125. Geburtstages das Werk Leni Matthaeis mit einer Ausstellung würdigt und unterstützen dieses Vorhaben gern. Nachdem Leni Matthaei in Hannover 1943 völlig ausgebombt und der größte Teil ihrer Arbeiten vernichtet worden war, konnte sie sich in Reutlingen dank der Vermittlung von Verwandten niederlassen. Sie richtete sehr schnell wieder eine Werkstatt ein und baute ihre alten Kontakte zu Klöppelschulen und Klöpplerinnen neu aus. Dabei zahlte sie den Klöpplerinnen erheblich mehr als die Löhne, die diese von Spitzenverlegern gewöhnlich erhielten. Dank der guten Auftragslage war sie imstande, viele Klöpplerinnen mit Arbeit zu versorgen. Leni Matthaei hatte den Ehrgeiz, nicht nur für die wirtschaftlich Gutsituierten, sondern auch für breitere Bevölkerungsschichten Klöppelspitzen zu schaffen. Dennoch war sie nie bereit, Kompromisse zugunsten weniger anspruchsvoller Entwürfe oder schlechter Qualität zu schließen.

Als Mitglied der GEDOK (Gemeinschaft der Künstlerinnen und Kunstfreunde, Sitz Hamburg) gründete sie zusammen mit Ellen Hoffmann in Reutlingen einen GEDOK-Ortsverband.

Leni Matthaei wird als die Begründerin der „Neuen Deutschen Spitzenkunst" betrachtet. Die ersten Spitzen, die ihr als Studienmaterial von ihrem Professor gezeigt wurden, lösten bei ihr den

Wunsch aus, Muster für Spitzen zu entwerfen, die keinerlei historische Vorbilder und nichts mit der Nachahmung traditioneller Spitzen zu tun haben. Leni Matthaei schuf Spitzen „mit vollkommen persönlichem Ausdruck und nicht nach verbrauchten künstlerischen Formwerten". Sie gestaltete Muster, die zwar dem Zeitgeist unseres Jahrhunderts entsprechen, aber nicht dem schnellen Wechsel der Mode unterliegen. Zahlreiche Naturerlebnisse und ihre eigenen Malstudien in Verbindung mit ihrer regen Phantasie ließen Spitzenentwürfe entstehen, die durch ihre Eigenart besonders beeindrucken.

Zu ihrer eigenen Stilfindung äußerte sie selbst einmal: „Es ist verständlich, daß die freie Fortentwicklung der alten Klöppelkunst sich gerade in Deutschland vollzog, da hier jede Gebundenheit an die Tradition fehlte. Die neue Spitze ist aus innerem Erleben gestaltet und daher beseelte Materie. Sie hat ihren eigenen, in die Zukunft weisenden Formenklang. Sie ist Schöpfung des Künstlers, verbunden mit einer fortentwickelten Technik."

Leni Matthaei hatte das große Glück, 107 Jahre alt zu werden und das bei guter geistiger und körperlicher Gesundheit. Selbst in ihren letzten Lebensjahren schuf sie sehr bedeutende geklöppelte Kunstwerke, die Eingang in große Museen gefunden haben: Hamburg, Dresden, Köln, Düsseldorf, Karlsruhe, Stuttgart, Amsterdam und New York.

Der Deutsche Klöppelverband e.V. konnte anläßlich seines nationalen Klöppelspitzen-Kongresses 1995 in Annaberg-Buchholz eine Leni-Matthaei-Ausstellung initiieren, die im Museum für bergmännische Volkskunst in Schneeberg, im Erzgebirge, von vielen interessierten Spitzenliebhabern besucht wurde. Wir freuen uns auch jetzt, sowohl als Leihgeber einiger Matthaei-Spitzen wie auch durch eine finanzielle Beteiligung an der Herstellung des Ausstellungskataloges unseren Beitrag zu dieser Ausstellung im Reutlinger Heimatmuseum leisten zu können.

Möge die Spitze sich weiterentwickeln nach dem Vorbild von Leni Matthaei, die mit ihrem Lebenswerk Maßstäbe für viele Generationen gesetzt hat.
Der Ausstellung wünsche ich allen Erfolg.

Für den Deutschen Klöppelverband e.V.

Marianne Stang
Erste Vorsitzende

Grußwort

Im Jahre 1951 gründete Leni Matthaei zusammen mit Ellen Hoffmann, Lisa Krieser, Marianne Schneider und Ruth Vogt eine Ortsgruppe der GEDOK (Verband der Gemeinschaften der Künstlerinnen und Kunstfreunde e.V.) in Reutlingen. Bereits in Hannover gehörte Leni Matthaei zu den Gründerinnen der dortigen GEDOK-Gruppe. Die Zugehörigkeit zur GEDOK ermöglichte Leni Matthaei einen intensiven Kontakt zu anderen Künstlerinnen und zu einem interessierten Publikum.

Die GEDOK wurde 1926 von Ida Dehmel in Hamburg als „Gemeinschaft Deutscher und Österreichischer Künstlerinnenvereine aller Kunstgattungen" ins Leben gerufen. Grundgedanke war, Künstlerinnen zu fördern, ihren Stellenwert in der Öffentlichkeit zu stärken und – ganz praxisnah – in den Inflationsjahren Möglichkeiten für Ausstellungen, Aufführungen und Publikationen zu schaffen. Anders ausgedrückt, die GEDOK wollte ein Netzwerk sein, Hilfe zur Selbsthilfe bieten in einer von Vorurteilen gegenüber Künstlerinnen geprägten Zeit.

Leni Matthaeis Lebenswerk zeugt von großer Begabung, Konsequenz und Durchsetzungsvermögen. Trotzdem konnte sie ihren Weg nicht problemlos gehen. Ihr größter Wunsch, die akademische Ausbildung zur Malerin, blieb unerfüllt, da erst 1919 die Zulassungsbeschränkungen für Frauen an Hochschulen aufgehoben wurden. Ihr kreatives, der „Spitzen"-Kunst gewidmetes Leben teilte Leni Matthaei in vier Schaffensperioden ein. Begonnen hatte die 1873 in Stade bei Hamburg geborene Künstlerin nach umfangreichen privaten Studien im In- und Ausland mit jugendstilhaften Arbeiten, die in den 20er Jahren von einer abstrakten Formensprache abgelöst wurden. Die dritte und vierte Periode, von 1950 bis zu ihrem Tod 1981, fielen in die Reutlinger Zeit. Höhepunkte ihres Werkes aus diesen beiden letzten Phasen sind die Zyklen „Leben" und „Strom" sowie die Entwürfe „Zweisamkeit", „Tropen" und „Corpus y almas".

Neu an Leni Matthaeis Klöppelarbeiten ist die Aufhebung der Rangordnung zwischen Motiv und Netzgrund. Sie bewertete beide Elemente gleich und eröffnete damit völlig neue Gestaltungsmöglichkeiten. Zu Recht bezeichnet man ihre Arbeiten daher als textile Graphiken. Von Leni Matthaei gingen wichtige Impulse zur Erneuerung der Spitzenkunst aus.

Die Zielsetzung der GEDOK hat sich seit ihrer Gründung nicht verändert. Mit ihren 22 deutschen und österreichischen Ortsgruppen ist sie eine interdisziplinäre Kunstvereinigung. Politisch und konfessionell unabhängig und als gemeinnützig anerkannt, gehört sie dem Deutschen Künstlerbund, dem Bundesverband Bildender Künstler (BBK) und der Internationalen Gesellschaft der Bildenden Künste (IGBK) an. Außerdem ist die GEDOK Mitglied der UNESCO, des Deutschen Musikrats, des Deutschen Frauenrats und darüber hinaus Gründungsmitglied des Kunstfonds e.V. Die GEDOK hat mehr als 4000 Mitglieder und fördert durch Spenden, Mitgliederbeiträge, Eintrittsgelder und Kunstverkäufe Ausstellungen, Konzerte und Publikationen.

Der persönliche Einsatz eines jeden Mitglieds ist für die erfolgreiche Verbandsarbeit unerläßlich. Als zielstrebige Künstlerin und engagiertes GEDOK-Mitglied ist Leni Matthaei für uns bis heute ein Vorbild.

Für die GEDOK Reutlingen e.V.

Martina Kornfeld
Erste Vorsitzende

„Die Hauptsache war mir, etwas Neues zu schaffen."[1] Die Künstlerin Leni Matthaei

Cornelia Matz

Im Jahre 1906 wurde in der renommierten Zeitschrift *Deutsche Kunst und Dekoration* zum ersten Mal eine Spitze nach einem Entwurf von Leni Matthaei (s. Abb. S. 14) abgebildet. Der begleitende Artikel begrüßt ihre Arbeiten als „erfreuliche Beispiele neuer Möglichkeiten"[2]. Auf dieses Lob einer führenden Kunstzeitschrift folgt zwar die Mahnung, die Spitzenmuster zu vereinfachen und materialgerechter zu gestalten[3], insgesamt fällt diese öffentliche Kritik jedoch überraschend wohlwollend aus. Leni Matthaei ließ sich von dieser ersten Beurteilung ermutigen und setzte ihre begonnene Entwurfstätigkeit konsequent fort. Ihr gelang es, moderne, zeitgemäße Entwürfe für handgearbeitete Klöppelspitzen zu gestalten und somit der Spitzenkunst des 20. Jahrhunderts neue Impulse zu verleihen. Für ihre Arbeiten erhielt die international bekannte Künstlerin zahlreiche Auszeichnungen, darunter Weltausstellungsmedaillen und Staatspreise. Zu ihrem 90. Geburtstag im Jahre 1963 wurde sie für ihre Bemühungen um die Erneuerung der Spitzenkunst mit dem Bundesverdienstkreuz am Bande ausgezeichnet.

In insgesamt 107 Lebensjahren entstand ein umfangreiches Werk, das Leni Matthaei selbst in vier „Schaffensperioden" einteilte.[4] Bei dieser Gliederung orientierte sie sich weitgehend an persönlichen Lebensabschnitten und an einschneidenden Erlebnissen, wie dem Beginn der Berufstätigkeit, dem Ende des Ersten Weltkrieges und der Zulassung an der Kunstgewerbeschule, der Wiederaufnahme der Entwurfsarbeit nach dem Zweiten Weltkrieg sowie dem Tod der Nichte und Hausgenossin Hildegard Jaensch und der Begegnung mit dem Arzt Dr. Gerhard Fischer.

Der erste Abschnitt (1900 bis 1920) umfaßt die Berufsausbildung und die ersten Erfolge. Der zweite Abschnitt (1920 bis 1950) fällt in die Zeit der Weimarer Republik und des Dritten Reiches. Die 20er Jahre sind in stilistischer Hinsicht sehr interessant. Es entstanden avantgardistische Arbeiten im geometrisch-abstrakten Stil des Art deco. Diese Phase ist deshalb als Höhepunkt ihrer

Erste Veröffentlichung einer Spitze (Fächer) nach einem Entwurf von Leni Matthaei in der Zeitschrift „Deutsche Kunst und Dekoration“ aus dem Jahre 1906/1907.

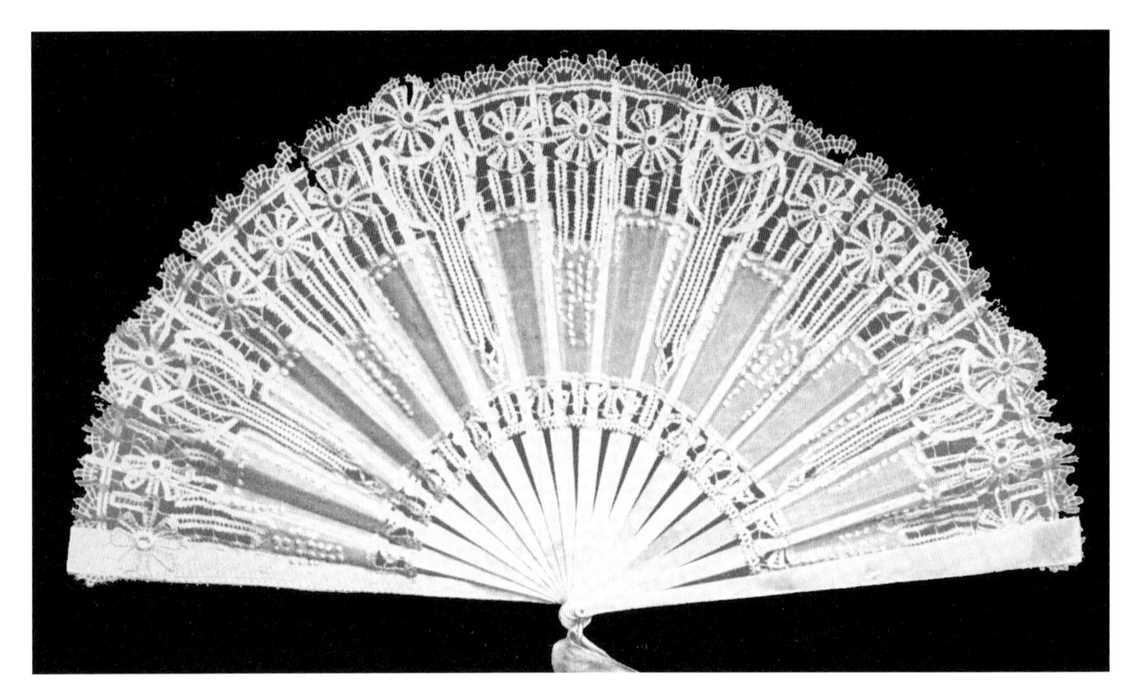

künstlerischen Entwicklung zu bezeichnen. Für Spitzen mit abstrakten Mustern erhielt Leni Matthaei im Jahre 1929 eine Goldmedaille bei der Weltausstellung in Barcelona. Der dritte Abschnitt (1950 bis 1975) setzt in der Nachkriegszeit ein. Um nach der Zerstörung aller Arbeitsunterlagen im Jahre 1943 wieder neu beginnen zu können, mußte die Künstlerin erst einmal die verloren gegangenen Klöppelbriefe zusammentragen. In einem weiteren Schritt entwickelte sie auf der Grundlage ihres Formenschatzes neue Motive, denen sie abstrakte Begriffe zugrunde legte, wie beispielsweise beim Motiv „Leben“ (s. Abb. S. 101). In dieser Periode erhielt sie zahlreiche Auszeichnungen und Ehrungen. Der vierte Abschnitt (1975 bis 1981) wird bestimmt durch ihr schwächer werdendes Augenlicht. Die Spitzen aus diesen Jahren zeichnen sich durch gröbere Strukturen aus. Die organischen und vegetabilen Formen der Nachkriegsjahre sind auch in den Textilbildern wiederzufinden, die in der letzten Lebensphase entstanden. Eine intensive gedankliche Auseinandersetzung ging den Kunstwerken „Zweisamkeit", „Corpus y almas"[5] und „Firmament" (s. Abb. S. 110, 29, 111) voraus. Die Motivideen für die bildhaft gestalteten Textilien sind aus der Begegnung mit Gerhard Fischer entstanden.

Die Einteilung in die genannten Lebensabschnitte ist nur bedingt geeignet, die Stilentwicklung des umfassenden und vielschichtigen Werkes zu beschreiben. Vielmehr wäre es sinnvoll, verwandte Motive zusammenzufassen und verschiedene Werkgruppen zu bilden. Dadurch könnte die Fülle von Motiven besser geordnet werden. Eine Gliederung in einzelne Werkphasen und Motivgruppen kann allerdings ohne ein Werkverzeichnis nicht vorgenommen werden. Ein solches zu erarbeiten ist dringend erforderlich.

Leni Matthaei fasziniert nicht nur wegen ihrer individuellen und qualitätsvollen Gestaltungsweise und wegen ihrer bis ins hohe Alter anhaltenden Kreativität. Ebenso erstaunt, daß sie sich zunächst als Außenseiterin – unabhängig von den deutschen und europäischen Spitzenzentren – an das Entwerfen von Spitzen machte und aus dieser Position heraus wesentlich zur Entwicklung der Spitzenkunst in Deutschland beigetragen hat. Außerdem besaß sie keine Ausbildung zur Klöpplerin, wie es in der Spitzenherstellung üblich war. In den ersten Jahren ihrer Entwurfstätigkeit konnte sie nicht einmal klöppeln. Leni Matthaei näherte sich vielmehr von der künstlerischen Seite der Entwurfsarbeit und beachtete die spätere technische Ausführbarkeit der Klöppelspitzen zunächst nicht.[6] Nicht zuletzt deshalb sind ihre Entwürfe sehr großzügig gestaltet.[7]

Berufsausbildung

Der Lebensweg Leni Matthaeis und ihr beruflicher Werdegang waren keineswegs vorgezeichnet. Die künstlerische Ausbildung erstreckte sich über viele Jahre. Bis ins Jahr 1921 nahm sie immer wieder Zeichen-, Mal- und Entwurfsunterricht. Leni Matthaei entdeckte erst allmählich die Entwurfsarbeit als Berufsziel. Der langwierige Ausbildungsweg wurde hauptsächlich durch zwei Faktoren bestimmt: Zum einen lag ihr als höherer Tochter zunächst die Rolle als Ehefrau und Mutter näher als die Perspektive einer berufstätigen Frau. Und zum anderen fehlte ihrer Familie nach dem Tod des Vaters das für eine Berufsausbildung nötige Geld. Sie suchte lange nach einem professionellen und standesgemäßen Lehrangebot, das sie als Frau mit eingeschränkten finanziellen Möglichkeiten wahrnehmen konnte. Um einen fortlaufenden Unterricht zu finanzieren, war sie außerdem auf eine Erwerbsmöglichkeit angewiesen.

Um 1892/93 kehrte die neunzehnjährige Leni Matthaei von einem einjährigen Pensionsaufenthalt bei der Schwester ihrer Mutter in Leer (Ostfriesland) und einem anschließenden neunmo-

Fächerblatt aus Spitze
Fotografie
HMR, Inv.-Nr. 1994/698

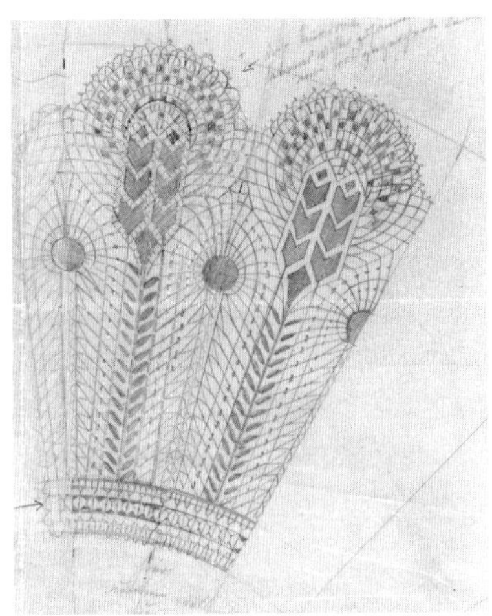

Ausschnitt aus Entwurfszeichnung für Fächerblatt
Bleistift auf Pergamentpapier, 1903
20 × 26 cm
HMR, Inv.-Nr. 1994/698

Auf der Entwurfszeichnung ist der Rapport eines Fächerblattes zu sehen. Der Entwurf wurde auf der Fächerausstellung von Margarete Erler 1903 in Berlin gezeigt. Dies war die erste Ausstellung, an der Leni Matthaei teilnahm.

natigen Austauschbesuch in London zu ihrer Familie nach Hannover zurück.[8] Dort besuchte sie anschließend den „Kunstgewerblichen Unterricht für Frauen und Mädchen", eine Einrichtung, die unter der Direktion des Gewerbevereins für Hannover bereits seit dem Jahre 1868 bestand.[9] Die Kurse waren eingerichtet worden, um Frauen entweder auf kunstgewerblichem Gebiet eine Berufstätigkeit zu ermöglichen oder sie für eine Ausbildung zur Zeichenlehrerin an Kunstschulen vorzubereiten. Die Professoren Harald Friedrich[10] und Ernst Jordan[11] sowie der Bildhauer Hantelmann erteilten den Unterricht. Leni Matthaei berichtet in ihren Lebenserinnerungen, daß sie zunächst nach Gips gezeichnet und später nach lebenden Modellen gearbeitet hat.[12]

Erst nach ihrer Rückkehr von einem längeren Besuch bei der Schulfreundin Grete Ey in San José, der Hauptstadt Costa Ricas, im Jahre 1896 – sie hatte die Reise erst nach mehrmaliger Einladung angetreten – zog sie ernsthaft eine künstlerische Betätigung als Lebensaufgabe in Betracht. Weil sie die entsprechenden Geldmittel jedoch nicht auftreiben konnte, meldete sie sich erneut für den „Kunstgewerblichen Unterricht für Frauen und Mädchen" an. Neben dem Zeichnen nach lebenden Modellen besuchte sie nun auch den Unterricht in Anatomie und Perspektive.

Entscheidend für ihren beruflichen Werdegang waren die privaten Malstunden im Freien bei Otto Hamel[13]. Hamel war Professor an der 1888 gegründeten „Städtischen Handwerker- und

Kunstgewerbeschule"[14]. Erst durch diesen Kontakt reifte bei Leni Matthaei der Entschluß, eine qualifizierte Berufsausbildung im Kunstgewerbe anzustreben.[15] Der Unterricht konzentrierte sich nun ausschließlich aufs Entwerfen. Erste Ideenskizzen für Tapeten, Teppiche, Damaststoffe, Wachstücher und Maschinentüll entstanden. Professor Hamel sandte bereits nach einem halben Studienjahr Entwürfe von Leni Matthaei an einen Verlag. Zu ihrer Überraschung wurden alle Vorlagen angenommen. Über den Verkauf von Entwürfen für Vorlagewerke an größere Verlagsanstalten finanzierte Leni Matthaei weitere Unterrichtsstunden. So konnte sie Tapetenentwürfe bei Holscher & Breimer in Hannover absetzen, die Firma Troske in Breslau interessierte sich für ihre Blumenzeichnungen. Außerdem lieferte sie Entwürfe an den Verlag Teubner in Leipzig und an den Verlag Julius Hoffmann in Stuttgart. Julius Hoffmann gehörte neben Christian Stoll in Plauen, an den Leni Matthaei Vorlagen für Spitzenmuster verkaufen konnte[16], zu den wenigen Verlegern, die sich im deutschsprachigen Raum auf Vorlage- und Sammelwerke spezialisiert hatten. Diese Vorlagewerke und Motivsammlungen, aber auch die kunstgewerblichen Zeitschriften waren damals ein wichtiges Medium, durch das neue Ornamente rasch Verbreitung fanden.

Parallel zum kunstgewerblichen Studium nahm Leni Matthaei weiterhin an der Freilichtmalerei von Professor Hamel teil. Viele ihrer Motivideen basieren auf dem freien Naturstudium. Naturstudien, Erlebnis- und Ideenskizzen bildeten die Grundlage für ihre Entwurfszeichnungen. Nach diesen fertigte Leni Matthaei in einem zweiten Schritt Entwürfe und Musterzeichnungen. Und erst danach entstanden die eigentlichen Vorlagen für das Klöppeln, die Klöppelbriefe (s. Abb. S. 27). Die Landschafts- und Blumenaquarelle waren jedoch nicht nur Inspirationsquelle, sondern Leni Matthaei bot sie auch zum Verkauf an.

Erst im Februar 1905, also mit 31 Jahren, gestaltete Leni Matthaei ihren ersten Entwurf für Klöppelspitzen.[17] Abbildungen von Spitzen, die im Jahre 1900 auf der Pariser Weltausstellung gezeigt worden waren, regten sie dazu an.[18] Professor Hamel ergriff wiederum die Initiative und bot diese ersten Spitzenentwürfe dem Kunstverlag Spielhagen in Berlin an – mit Erfolg. Nachdem bereits 1905 ein bestickter Tischläufer von Leni Matthaei bei einem Wettbewerb der Zeitschrift *Deutsche Kunst und Dekoration* die Auszeichnung „Lobende Erwähnung" erhalten hatte[19], erschien im darauffolgenden Jahrgang der Zeitschrift die bereits einleitend erwähnte Veröffentlichung eines Spitzenentwurfs. Dem Verleger Alexander Koch aus Darmstadt verdankt Leni Matthaei viele weitere Veröffentlichungen in seinen Zeitschriften.

Als nächstes arbeitete sich Leni Matthaei in die Geschichte und Technik der Klöppelkunst ein. Bei diesem Selbststudium stützte sie sich auf das grundlegende „Handbuch der Spitzenkunde" von Tina Frauberger.[20] Dieses Buch hatte ihr Professor Justus Brinkmann, Direktor des Kunstgewerbemuseums Hamburg, bei einem Besuch ausgeliehen. Er gab ihr auch den Rat, Tafeln mit Musterentwürfen im Selbstverlag herauszugeben. Daran war jedoch in ihrer finanziellen Lage nicht zu denken. Ihr blieb nur, die Entwürfe weiterhin Firmen und Verlagen anzubieten.

Im Januar 1907 reiste Leni Matthaei nach Paris, wo sie auf Rat des Direktors der Pariser Kunstgewerbeschule die „Ecole des Dentelles et Broderie" aufsuchte. Die Direktorin Marguerite Charles nahm Leni Matthaei für vier Monate als Privatschülerin auf.[21] Damit war sie die erste Deutsche, die an dieser berühmten Pariser Spitzenschule ausgebildet wurde.[22] Erst in Paris eignete sie sich dann die Klöppeltechnik an – wie schon so oft im Selbststudium. Bei einem Pariser Maler[23] nahm sie zusätzlichen privaten Unterricht und lernte, Entwürfe in Ölfarben zu gestalten. Abends nutzte sie die Gelegenheit, in der Bibliothek des Louvre alte Spitzenmuster zu studieren. Auf der Grundlage des Pariser Unterrichts im technischen Zeichnen von Entwürfen für Hand- und Maschinenspitze gestaltete sie nach ihrer Rückkehr zum ersten Mal auch Maschinenspitzen. Diese verkaufte sie an die Firma Oliver and Son in Nottingham. Tafeln mit Spitzenentwürfen gingen, wie bereits erwähnt, auch an den Verlag Christian Stoll & Co. in Plauen.

Erste Aufträge

Bereits im Jahre 1906 hatte Leni Matthaei einen größeren Auftrag für fertige Spitzen von der Leiterin der Abteilung Volkskunst des Kaufhauses Wertheim erhalten. Da sie selber nicht klöppeln konnte, mußte sie ablehnen. Um weitere Anfragen und Bestellungen von Spitzen annehmen zu können, bemühte sie sich danach um den Kontakt zu Klöpplerinnen, die ihre Entwürfe nacharbeiten sollten. Damit begann der Aufbau eines Werkstattbetriebs. Die Unternehmerin Leni Matthaei gestaltete die Entwürfe und stellte sie den professionell arbeitenden Klöpplerinnen zusammen mit den dafür benötigten Garnen zur Verfügung. Gegen Entlohnung fertigten die Klöpplerinnen die Handspitzen nach ihrer Vorlage. Nach sorgfältiger Qualitätsprüfung nahm Leni Matthaei die fertigen Werkstücke entgegen.

Zunächst unterhielt die Künstlerin ein kleines Atelier, in dem sie einige „Schülerinnen in ihrem Sinne unterrichtete". Im Jahre 1921 war daraus bereits ein „großer Betrieb"[24] geworden. Nach dem Ersten Weltkrieg bildete Leni Matthaei mit ministerieller Genehmigung eine Arbeitsgemeinschaft mit den Klöpplerinnen der erzgebirgischen Spitzenschulen in Wolkenstein, Steinbach und

Ideenskizzen für
Entwurfsarbeiten
Bleistift auf Transparentpapier
1903
27 × 19 cm
Privatbesitz

Es handelt sich bei diesen Ideenskizzen um die ersten Entwürfe Leni Matthaeis für kunstgewerbliche Produkte.

Ideenskizzen
Bleistift auf Transparentpapier
1905
20 × 27 cm
Privatbesitz

Auf der Grundlage solcher Skizzen fertigte Leni Matthaei die Entwurfszeichnungen.

Großrückerswalde. Die Zusammenarbeit dauerte bis zur Trennung von West- und Ostdeutschland durch den Mauerbau 1961. Ihre Anforderungen an die Klöpplerinnen waren hoch. Dabei spielten nicht nur der technische Schwierigkeitsgrad und die Qualitätsansprüche von Leni Matthaei eine Rolle, sondern auch ihr Verständnis von weiblicher Handarbeit. In einem Brief an den Verlag der *Stickerei-Zeitung und Spitzen-Revue* im Jahre 1913 schilderte sie ihre Bemühungen um die korrekte Umsetzung ihrer Vorlagen: „Nur mit viel Mühe und Geduld meinerseits lernten [die Klöpplerinnen], indem ich sie immer wieder klöppeln ließ."[25] Sie bezahlte am Anfang auch schlecht gearbeitete Spitzen und versuchte, den Klöpplerinnen anhand eigener Arbeitsproben ihre Vorstellungen deutlich zu machen. Leni Matthaei akzeptierte nur Frauen, die „wirklich Freude an der Arbeit" hatten. Klöpplerinnen, die sich nur des Verdienstes wegen bei ihr meldeten, wies sie ab. Zu diesem Zeitpunkt beschäftigte sie bereits eine „größere Anzahl erzgebirgischer Klöpplerinnen, die gerne und mit gutem Verdienst für sie arbeiteten"[26]. Tatsächlich bemühte sich Leni Matthaei in diesen Jahren, die künstlerische Ausdruckskraft des Spitzenhandwerks zu fördern. Sie wollte nicht nur einen besseren Verdienst für die Spitzenklöpplerinnen, sondern vor allem das Ansehen dieser Handarbeit stärken. Die Klöppelarbeit sollte nicht nur als Handwerk, sondern auch als Kunstform geachtet werden.[27]

Stilerneuerung am Beginn des 20. Jahrhunderts

Der Entschluß Leni Matthaeis, als Spitzenentwerferin tätig zu werden, fiel in eine Zeit, in der die Spitze für kurze Zeit einen neuen Aufschwung nahm. Um die Jahrhundertwende wurden nicht nur Kragen, Manschetten und die gerade in Mode gekommene Kostümbluse mit Spitzen besetzt, sondern auch modische Accessoires wie Fächer und Sonnenschirme. Auch Kleider wurden ganz aus Spitze hergestellt. Dabei stand die Handspitze seit der Erfindung von Maschinen zur Spitzenherstellung in Konkurrenz zur Maschinenspitze. Die „echte" Spitze wurde als Kunst hoch geschätzt, doch war sie viel teurer als die Maschinenspitze. Im 19. Jahrhundert waren vor allem die billigeren Applikationsspitzen modern, die durch die Erfindung der Bobinet-Maschine des Engländers Heathcoat im Jahre 1808 weite Verbreitung gefunden hatten. Mit mechanisch hergestelltem Tüll imitierte man ein einfaches Grundnetz, das anschließend bestickt oder mit Spitzenapplikationen versehen wurde. Gegen Ende des Jahrhunderts konnten mit Klöppelmaschinen bereits einfache Gebrauchsspitzen hergestellt werden.[28] Der Spitzenrausch um 1900 konnte jedoch nicht darüber hinweg täuschen, daß sich die Bedingungen für die Verwendung von Spitzen im 20. Jahrhundert geändert hatten[29]: In den 20er Jahren verschwand die Spitze aus der modischen Frauenkleidung. Sie hatte in einer Welt, die von einer modernen funktionalistischen Lebensauffassung geprägt war, keinen Platz mehr. Sie wurde nur noch bei festlichen Gelegenheiten benutzt und ansonsten zum reinen Kunst- und Sammelobjekt.

Zu Beginn des 20. Jahrhunderts mußten Funktion, Verwendung und zeitgemäße Gestaltung von Spitzen neu bestimmt werden.[30] Man suchte nach fortschrittlichen Mustern, denn die Spitzenmuster des 19. Jahrhunderts waren entweder historischen Stilen nachempfunden oder von alten Spitzen kopiert. Die „Varianten, Mischungen, Zusammenstellungen von Motiven, Techniken, Stilen, die aus irgendwelchen alten Stücken entnommen sind"[31], wurden heftig beklagt. „Auffrischung und Bereicherung des Motivschatzes der Klöppelspitze"[32] hießen die Forderungen. Es wurde nach einer neuen, für die moderne Zeit charakteristischen Spitze verlangt und die Befreiung aus technischer und handwerklicher Erstarrung angestrebt. Die Kunstgewerbeschulen[33], die Schulen für Frauenarbeit und die Spitzenklöppelschulen beschäftigten sich gleichermaßen mit modernen Entwürfen. Einerseits versprach man sich von neuartigen industriellen Herstellungsmethoden neue Spitzenarten und einen erweiterten Formenschatz. Andererseits erwartete man von der Kunst und der Modebranche neue Anregungen.[34] Tatsächlich entwarfen Künstler wie Henry van de Velde, Peter Behrens, Bernhard Pankok und Josef Maria Olbrich im Zuge der Stilkunst Textilien aller Art. Weil sie die Innendekoration als wichtigen Teil des Gesamtkunstwerkes Haus betrachteten, beschäftigten sie sich nicht nur mit Malerei, Plastik und Architektur, sondern auch mit dem Design von Gebrauchsgütern.[35]

Eine Erneuerungsbewegung ging jedoch zweifelsohne von Wien aus. Mit den dort entwickelten Ornamenten des Jugendstils erlebte die Spitze um 1900 eine erste ästhetische Erneuerung. Das Ringen um fortschrittliche Spitzenformen erstreckte sich über einen längeren Zeitraum, wie dies die zahlreichen Veröffentlichungen zum Problem der Mustererneuerung dokumentieren. Noch im Jahre 1916 wird über den Wettbewerb bei der Spitzenausstellung im Königlichen Landesgewerbemuseum in Stuttgart berichtet, daß die Spitze „an einem außerordentlich interessanten und aussichtsreichen Punkte angelangt" sei, einer „Wegescheide, an welcher sich das Schaffen von der mehr als hundertjährigen Nachahmung fremder, altüberlieferter Formen abkehrt, und zum selbstschöpferischen Bilden neuer Gestaltungen schreitet"[36]. – Auch Leni Matthaei hatte zu diesem Wettbewerb ein Muster für Meterware eingereicht, für das sie einen zweiten Preis erhielt (s. Abb. S. 67).

Nicht nur in der Spitzenherstellung war man um die Jahrhundertwende des Historismus überdrüssig geworden. In allen Bereichen der Bildenden Kunst und des Kunstgewerbes sowie in der Architektur suchte man nach neuen Formen. Der Eklektizismus und die Dekorationssucht des 19. Jahrhunderts waren verpönt, das Kopieren historischer Formen lehnte man jetzt strikt ab. Historische Stilarten wurden in den Kunst- und Gewerbeschulen nur noch selten als Vorlage benutzt. Man legte Wert auf die Klarheit des Ornaments und vermied üppiges, ausladendes Dekor. Bereits in den Jahren vor der Jahrhundertwende wurde der Motivschatz erweitert, indem man Formen aus dem natürlichen Mikrokosmos aufgriff. Pflanzen- und Tierzeichnungen sowie fotografische Nah-

Entwurfs-
zeichnung,
Klöppelbrief und
Spitzeneinsatz
Schnecke
Entwurf 1914
HMR, Inv.-Nr.
1994/697

Das Motiv, das einen sich aufrollenden Farn darstellt, ist allgemein als „Schnecke" bekannt.

und Detailaufnahmen aus der Natur dienten als Vorlage, um neue Dekorationsmotive zu entwickeln. In diesem Zusammenhang stellt sich die Frage, in wieweit Leni Matthaei sich von den zeitgenössischen Mikrokosmosabbildungen und Vorlagewerken inspirieren ließ. Zumindest sind ihre Entwürfe der „Koralle" und des „sich aufrollenden Farns", auch „Schnecke" genannt – sie stammen aus den Jahren 1907 und 1914 – von diesen Nahsichtaufnahmen der Natur beeinflußt.

Mitgliedschaft im Deutschen Werkbund

Auch der Deutsche Werkbund wandte sich gegen überflüssiges Dekor. Sein Wirken ist in Deutschland eng mit der Entwicklung moderner Architektur und Produktgestaltung verbunden. Rund hundert Kunstschaffende, Kunstfreunde, Kritiker und Hersteller gründeten im Jahre 1907 den Bund mit dem Ziel, die „gewerbliche Arbeit zu veredeln"[37]. Kunst, Handwerk und Industrie schlossen sich zusammen, um die Qualität der deutschen handwerklichen und industriellen Produkte zu verbessern. Damit wollte man auf dem internationalen Markt eine höhere Konkurrenzfähigkeit erreichen. Die „Veredelung" sollte durch Einfachheit erfolgen. Form und Konstruktion eines Gegenstandes sollten dem Material und der Funktion angepaßt bzw. untergeordnet werden. Der Begriff der Qualitätsarbeit stand an erster Stelle. Laut Satzung war nur unter dem Besten, was Kunst, Industrie und Handwerk hervorbrachten, eine Auswahl zu treffen. Zu den Gründungsvätern und Vordenkern des Deutschen Werkbundes gehörten Henry van de Velde und Hermann Muthesius. Weitere wichtige Vertreter waren unter anderem die Künstler und Architekten Peter Behrens, Theodor Fischer, Josef Hoffmann, Josef Maria Olbrich sowie der Publizist und Politiker Friedrich Naumann. Die Vereinigung entwickelte sich zu einem elitären Kreis, da man nur Mitglied werden konnte, wenn man vom Deutschen Werkbund zur Mitgliedschaft aufgefordert wurde. In den Jahren vor dem Ersten Weltkrieg stieg die Mitgliederzahl rasch an, so daß im Jahre 1914 bereits 1870 Mitglieder dem Deutschen Werkbund angehörten.[38] In diesem Jahr erhielt auch Leni Matthaei die Einladung, dem Deutschen Werkbund beizutreten.

Die Spitzenentwürfe von Leni Matthaei entsprachen den Richtlinien des Deutschen Werkbundes. Diesen Eindruck vermitteln die zeitgenössischen Werkbesprechungen: „Die Arbeiten von Leni Matthaei zeigen eine stetige, ruhige Entwicklung – die Entwicklung zu immer größerer Klarheit und Zweckmäßigkeit in der Verwendung und Verarbeitung der Spitze und in der Musterung." Hervorgehoben werden „das Strenge, Logische, in Linien Faßbare und Übersichtliche der Matthaeischen Muster", denen nichts „Kapriziöses"[39] anhaftet. Die zeitgenössischen Forderungen nach „Zweckmäßigkeit, Qualität und künstlerischer Gestaltung"[40] galten nicht nur für All-

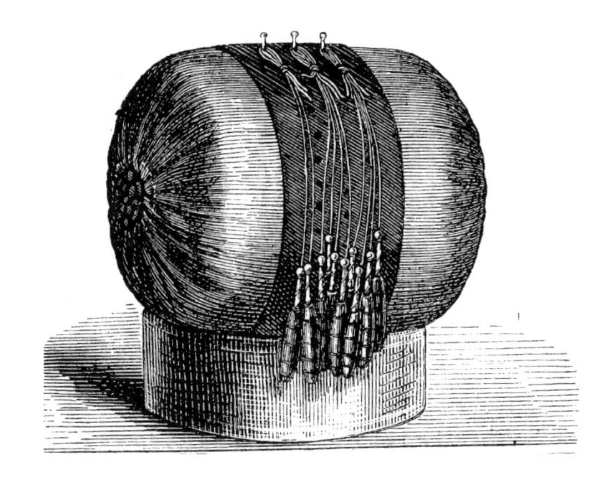

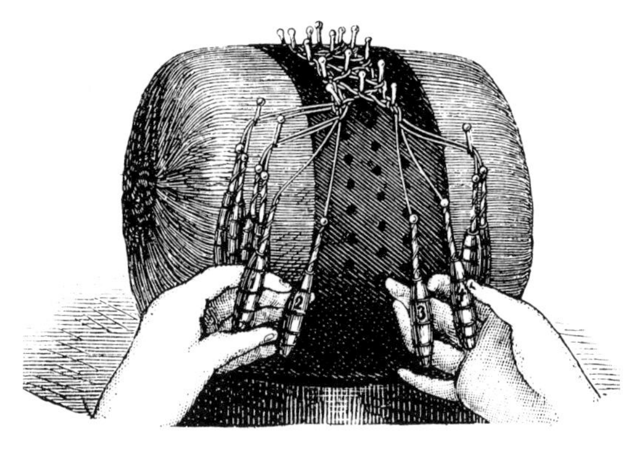

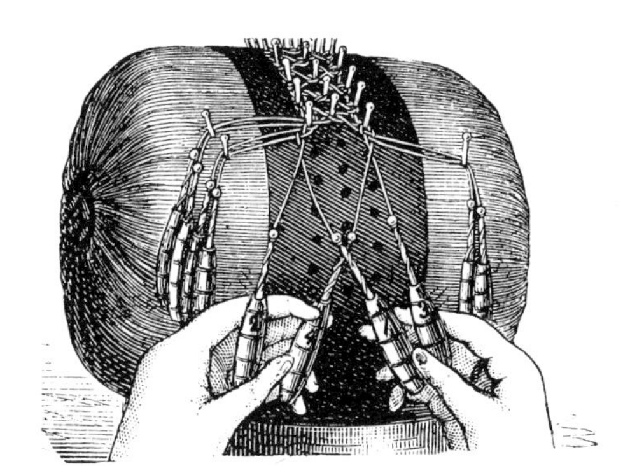

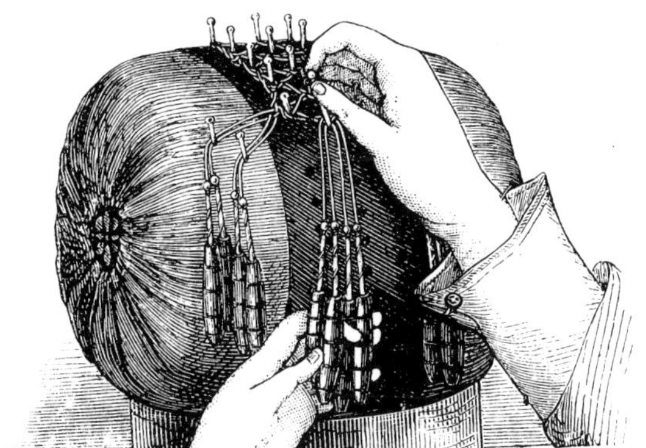

Illustrationen aus Tina Frauberger „Handbuch der Spitzenkunde“ aus dem Jahre 1894

links oben: Klöppelkissen mit aufgestecktem Klöppelbrief und fünf Klöppelpaaren

rechts oben: Drehen der Klöppel

links unten: Kreuzen der Klöppel

rechts unten: Setzen der Stecknadeln

Klöppelspitzen entstehen durch die Verflechtung von vielen Fäden, die auf kleine Spulen, die sogenannten Klöppel, gewickelt sind. Auf dem Klöppelkissen – einer harten Unterlage, meist in walzenartiger Form – werden der Klöppelbrief und die Klöppelpaare aufgesteckt. Nach der Vorlage des Klöppelbriefes, der Mustervorzeichnung auf steifem Papier mit einzelnen durchstochenen Punkten, werden die Klöppelpaare gedreht, gekreuzt und die so entstandenen Schläge mit Stecknadeln fixiert.

tagsprodukte, sondern auch für die Spitzenkunst, die als Teil des modernen Kunstgewerbes betrachtet wurde. Form und Material hatten sich auch in diesem Gewerbezweig der Bestimmung oder dem Zweck eines textilen Gegenstandes anzupassen. Darüber hinaus sollten die textilen Werkstücke nicht nur technische Qualität, sondern auch in der Formgebung künstlerische Qualität aufweisen.

Die oben genannten Qualitätsmerkmale der neuen Spitzenkunst schätzten die zeitgenössischen Kritiker an den Spitzen von Leni Matthaei: „In Fräulein Matthaeis Gestaltung und taktvoller Verarbeitung an Kragen, Mützen, Decken sind diese leicht erschwinglichen, kleinen Klöppeleien auf dem besten Wege, Geschmack und Gefühl für zweckmäßige Verwendung zu verbreiten."[41] Mit den „kleinen Klöppeleien" sind die kleinformatigen Einsatzstücke gemeint, die Leni Matthaei in vielfältigen Variationen und in zahlreichen Einzelverarbeitungen geschaffen hat. Die kleinteiligen Klöppeleinsätze, die hauptsächlich in der Zeit zwischen 1914 und 1920 entstanden, wurden als Versatzstücke behandelt und in viele verschiedene Textilien eingearbeitet oder auch mit anderen Spitzenmustern kombiniert. Beispiele für Klöppeleinsätze sind die vierteilige Serie „Orchidee" (s. Abb. S. 70) oder die verschiedenen Variationen der „Tropfen" (s. Abb. S. 66). Die filigranen dreieckigen Einsatzstücke finden sich in zahlreichen Decken, Kissen, Wäschestücken und Kleidern (s. Abb. S. 73).

Es ist zu fragen, wie es Leni Matthaei gelingen konnte, die Spitzenkunst in einem Land weiterzuentwickeln, in dem es keine Spitzentradition wie in Belgien, Frankreich oder Italien gab. Möglicherweise liegt die Ursache für ihr erfolgreiches Wirken gerade in dieser fehlenden Tradition. Dieser Umstand machte es ihr leichter, das erdrückende Erbe hinter sich zu lassen und frei zu entwerfen. Auch nach Leni Matthaeis Meinung war „die freie Fortentwicklung der Klöppelkunst in Deutschland" nur möglich, „da hier jede Gebundenheit an die Tradition fehlte"[42]. Spitzen nach ihren Entwürfen werden oft als „Neue Deutsche Spitzenkunst"[43] bezeichnet. Die Betonung der nationalen Herkunft kunstgewerblicher Produkte wurde bereits um die Jahrhundertwende zur Abgrenzung gegenüber anderen europäischen Stilen, Moden und Fertigungen benutzt. Besonders im Bereich der Spitzenherstellung hatte man das Bedürfnis, französische, belgische oder italienische Spitzen von deutschen Spitzen zu unterscheiden. Bereits 1915 war in einem Artikel der Zeitschrift *Textile Kunst und Industrie* „von der Entwicklung der neudeutschen Klöppelspitze von Leni Matthaei"[44] die Rede: „Unter Verzicht auf die übertriebenen Mühseligkeiten der alten Nadel- und Klöppelspitzen weiß sie selbst bei der kräftigsten Klöppelarbeit durch die einfache

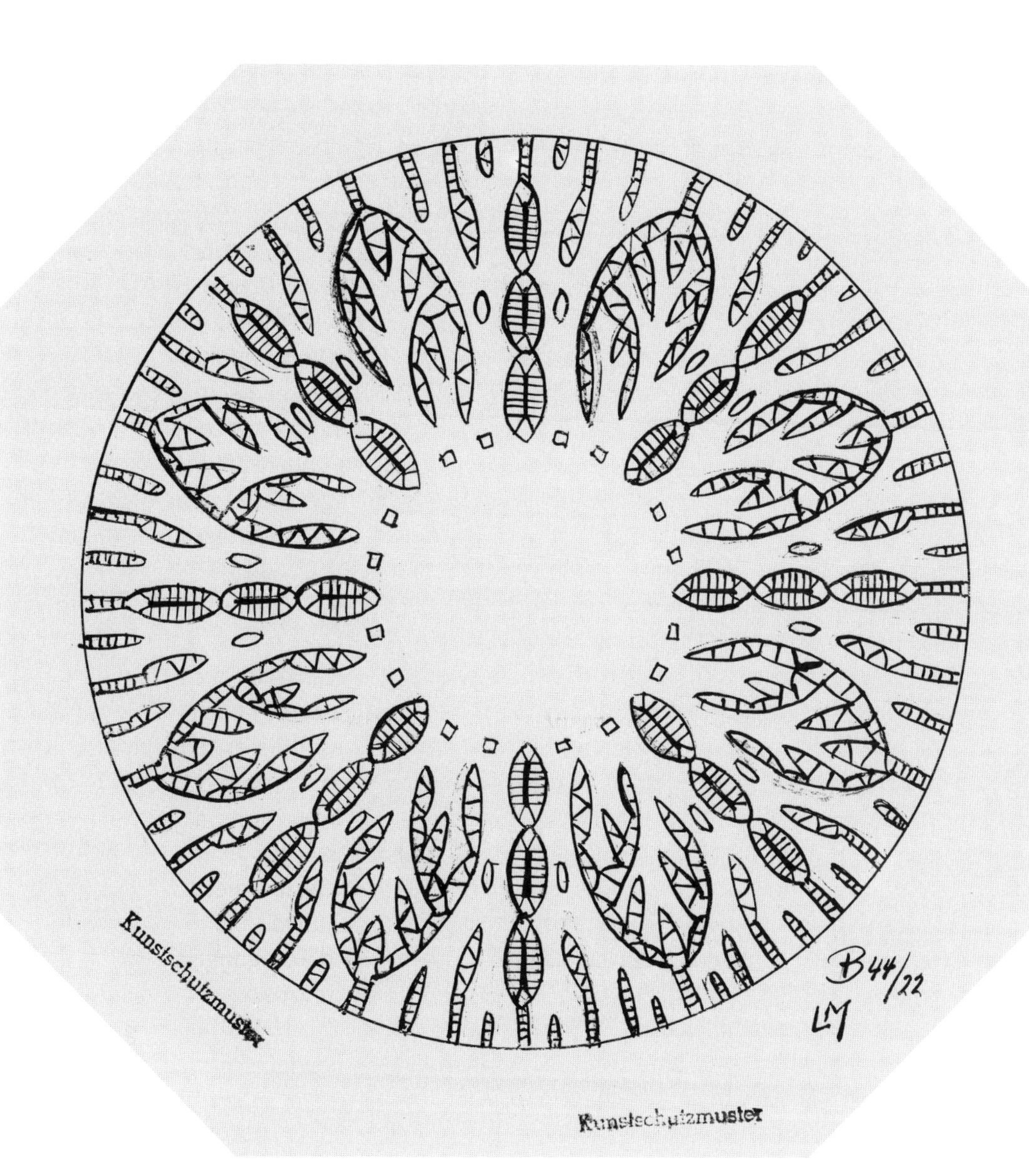

Klöppelbrief für
runde Decke
Koralle
Entwurf des
Motivs „Koralle"
1907
Tinte und Bleistift
auf Karton
23 cm Ø
HMR, Inv.-Nr.
1994/692

Die ausgeführte
Decke „Koralle"
s. Abb. S. 58

Schönheit der Form und der Technik zu wirken. Damit schafft sie eine neuzeitliche Spitzenkunst, die an künstlerischem Eigenwert der alten völlig gleichzustellen ist, aber durch die verhältnismäßig niedrigen Preise auch für weitere Kreise erreichbar bleibt und zum vermehrten Gebrauche schöner handgefertigter Klöppelspitzen anreizt."[45] Hingewiesen wird dabei besonders auf den Bruch mit traditionellen Formen und Mustern. Leni Matthaei teilte diese Einschätzung. Als Schöpferin einer modernen Spitzenkunst führte sie noch 1958 aus: „Daß ich eine in Formgebung und Musterung rein ‚Deutsche Spitze' schuf, die nichts gemein hat mit alten überlieferten Mustern, ist das Wesentliche. Ich schuf sie ganz elementar mit vollkommen persönlichem Ausdruck und nicht nach verbrauchten künstlerischen Formwerten."[46]

Leni Matthaei entwarf Textilien sowohl für den Wohn- als auch für den Bekleidungsbereich. Zu den Heimtextilien zählen Tischdecken, Tischläufer, Kissenbezüge, Glasuntersetzer, Fensterschmuck und auch Vorhänge. Als Modeaccessoires fertigte sie Fächer, Kragenteile, Manschetten, Beutel, Taschentücher und Spitzenmeterware. Kragen und Schultertücher, sogenannte Fichus, waren ihre Spezialität.[47] Mit dem Einsatz von Klöppelspitzen als dezenter Schmuck in der Damenoberbekleidung leistete Leni Matthaei auch einen Beitrag zur Mode des 20. Jahrhunderts und zur damals von Reformkräften propagierten „deutschen Frauenkleidung". Bei jedem Werkstück wurden die Muster dem Zweck entsprechend entworfen und Zwirnstärke, Form und Farbe darauf abgestimmt.[48] In „vielfältigsten Abänderungen des ursprünglichen Musters"[49] wurde für jedes Kleidungsstück und für jede Textilware im Wohnbereich ein Entwurf erarbeitet. Das bedeutete, daß die Grundmuster für vielerlei verschiedene Ausführungen (z. B. Kleidungsteile oder Decken) genutzt und entsprechend viele Klöppelbriefe angefertigt wurden. Das Korallenmuster ist für diese Vorgehensweise ein besonders eindrucksvolles Beispiel: Von der großen Tafeldecke über den Tischläufer bis zur einfachen Kragenspitze reicht der Verwendungsbereich (s. Abb. S. 58, 59, 60).

Mitgliedschaft in der GEDOK

Leni Matthaei verkaufte ihre Spitzenerzeugnisse an viele in- und ausländische Bekannte und Spitzenliebhaberinnen. Seit 1920 erhielt sie feste Aufträge von der Leipziger Messe.[50] Eine weitere Ausstellungs- und Verkaufsmöglichkeit eröffnete sich im Rahmen ihrer Mitgliedschaft in der „Gemeinschaft der Künstlerinnen und Kunstfreundinnen Hannover", einer Ortsgruppe des 1926 gegründeten Dachverbandes „Gemeinschaft Deutscher und Österreichischer Künstlerinnen aller Kunstgattungen" (GEDOK[51]). Die GEDOK Hannover wurde am 11. November 1927 gegründet, und wahrscheinlich zählte auch Leni Matthaei zu den rund einhundertfünfzig Gründungsmitgliedern.[52] Der Vereinigung gehörten nicht nur Künstlerinnen aus den Bereichen der Bildenden Kunst, der Musik, des Tanzes, der Gymnastik, der Literatur, der Darstellenden Kunst und der Fotografie an, sondern auch sogenannte Kunstfreundinnen. Bei diesen handelte es sich meist um einflußreiche Frauen, die Kunst und Kultur schätzten und entsprechend förderten. Als Zweck des Verbandes wurde in der Satzung formuliert: „Die Förderung der Qualität in der künstlerischen Frauenarbeit, die Wahrung der wirtschaftlichen und ideellen Interessen der Künstlerinnen in der Öffentlichkeit und die Pflege der Verbindung zwischen Künstlerinnen und Kunstfreundinnen."[53] Um die Künstlerinnen wirtschaftlich zu unterstützen, eröffnete die Ortsgruppe Hannover einen Ausstellungs- und Verkaufsraum für Malerei, Bildhauerei und Kunsthandwerk am Georgsplatz 15 in Hannover. Leni Matthaei konnte gleich bei einer der ersten Verkaufsausstellungen teilnehmen. Ihre Spitzen wurden im Jahre 1928 in der Gruppe der Kunsthandwerkerinnen

Entwurfszeichnung
Corpus y almas
Leni Matthaei
und Gerhard
Fischer
Tinte auf Pergament, um 1976
54 × 30 cm
HMR, Inv.-Nr.
1994/690

Die ausgeführte Spitze befindet sich im Museum Boymans-van Beuningen in Rotterdam.

gezeigt.[54] Um die Begegnung von Kunstschaffenden und Kunstfördernden zu ermöglichen, organisierte die Vereinigung Teenachmittage mit künstlerischen Darbietungen und Abendtreffen mit Gelegenheit zu Diskussion und Austausch. Darüber hinaus wurden Tanzabende, Vorträge, Kabarettaufführungen, Führungen, Konzerte und Ausflüge veranstaltet. Die zahlreichen Aktivitäten vermitteln den Eindruck einer sehr regen Gemeinschaft. Auch die Mitgliederzahlen stiegen in den Anfangsjahren schnell an: 1928 waren es 261 Mitglieder, 1929 bereits 342 (davon 194 Künstlerinnen)[55] und 1931 379 (davon 228 Künstlerinnen)[56]. Leni Matthaei konnte im Januar 1929 für das vereinsinterne Amt „Beirat für die Bildende Kunst" gewonnen werden. Zusammen mit drei weiteren Frauen wurde sie in dieses Beratergremium gewählt.[57] Sie übernahm diese Aufgabe, nachdem sie bereits einige Jahre lang Erfahrungen als Vorstandsmitglied im Kunstgewerbeverein Hannover gesammelt hatte.[58] Die Erfahrungen mit der Künstlerinnenvereinigung in Hannover werden Leni Matthaei veranlaßt haben, beim Aufbau einer GEDOK-Gruppe in Reutlingen mitzuarbeiten. Zusammen mit Ellen Hoffmann, der Vorsitzenden der GEDOK Stuttgart, plante sie eine solche Vereinigung in Reutlingen.[59] Die GEDOK Reutlingen konnte im Jahre 1951 gegründet werden. Leni Matthaei war im Winter 1944 nach Reutlingen gekommen, nachdem sie durch Bombenangriffe auf Hannover im Oktober 1943 ihr Atelier mit allen Studien und Arbeiten verloren hatte. Wie wichtig ihr die Zugehörigkeit in Berufsverbänden und Interessengruppen war, zeigt auch ihr Beitritt in den Bund der Kunsthandwerker Baden-Württemberg und in die Justus-Brinckmann-Gesellschaft Hamburg.

Werke des Art deco

Im Werk von Leni Matthaei sind insbesondere die Jahre nach dem Ersten Weltkrieg interessant. In dieser Zeit fand eine entscheidende stilistische Weiterentwicklung statt. Die neue Phase wurde im Jahre 1919 durch den Unterricht an der Kunstgewerbeschule Hannover eingeleitet. Der Besuch der Kunstgewerbeschule war nun nach der Aufhebung von Zulassungsbeschränkungen[60] für Frauen endlich möglich geworden. Zunächst nahm Leni Matthaei am Aktzeichenunterricht von Professor Burger-Mühlfeldt[61] teil, ab Januar 1921 schrieb sie sich in den Kurs „Kompositionslehre" ein. Nach 1920 entwarf sie überwiegend geometrische und abstrakte Muster. Bei den noch erhaltenen farbigen Zeichnungen und Aquarellen aus den Jahren 1921 bis 1925 (s. Abb. S. 38–47) wird am strengen formalen Bildaufbau ihre Beschäftigung mit den Fragen der Komposition deutlich. Die Grafiken, aber auch die Spitzenentwürfe aus den 20er Jahren sind vollkommen flächig aufgefaßt. Farben und Formen werden spannungsreich gegeneinander gesetzt.

Motive aus der Natur löst Leni Matthaei in flächige Elemente auf, wie dies beispielsweise bei der Darstellung „Spiegelung Herrenhausen Hannover“ (s. Abb. S. 40) deutlich wird. Bei den Zeichnungen aus den frühen 20er Jahren – zum Beispiel „Hegelhof, Schwarzwald“ aus dem Jahr 1921 (s. Abb. S. 38) – fügen sich ähnlich wie im Kubismus einzelne Formen wie Facetten aneinander. Andere Zeichnungen sind rein abstrakt (s. Abb. S. 43, 46, 47). Bei den abstrakten Kompositionen sind die geometrischen Formen des Rechtecks, des Dreiecks und des Kreises ineinandergeschoben.

Mit dieser flächigen, geometrisch-abstrakten Gestaltungsweise steht Leni Matthaei der zeitgenössischen jungen Künstlergeneration und dem Art deco nahe. Wichtige Elemente dieses von ungefähr 1920 bis 1940 vorherrschenden Stils, der besonders in der Dekorationskunst Bedeutung erlangte, finden sich in den Matthaeischen Entwürfen: Geometrisierung, Abstrahierung, Rationalisierung und äußerste Vereinfachung.[62] Die zeitgenössischen Avantgardebewegungen wie Kubismus, Futurismus, Konstruktivismus und Expressionismus haben dabei den Art deco stark beeinflußt. Leni Matthaeis Klöppelspitzenentwürfe aus den Jahren 1920 bis 1930 überzeugen in ihrer Einfachheit und Reduzierung auf das Wesentliche. Bei diesen Entwürfen griff sie auf ihre geometrisch-abstrakten Kompositionen zurück. Beispielsweise setzte sie bei der Spitzendecke „Barcelona“ längliche rechteckige Formen so zusammen, daß lineare Strukturen entstehen (s. Abb. S. 91). Mit der Verleihung einer Goldmedaille bei der Weltausstellung in Barcelona für diese und zwei weitere Arbeiten[63] fand ihre moderne Gestaltungsarbeit eine entsprechende internationale Würdigung. Nach der Übernahme der erzgebirgischen Spitzenschulen durch die NS-Frauenschaft im Jahre 1939 durften ihre avantgardistischen Muster nicht mehr geklöppelt werden.[64] Sie entsprachen nicht der nationalsozialistischen Kunstauffassung.

Internationale Anerkennung

Leni Matthaeis Erfolg liegt in der Neuartigkeit und Modernität der Muster und in deren charakteristischer Formensprache. Die Muster lassen sich in der Form und in der Linie klar erfassen. Sie besitzen eine ausgewogene Flächenaufteilung und unterliegen einer strengen Komposition. Leni Matthaei bewertet alle Klöppeltechniken gleich[65], bei ihren Mustern existieren nicht mehr die zwei Ebenen von Motiv und Netzgrund. Dadurch wird es möglich, den Musterentwurf zweidimensional aufzufassen und die Motive in verschiedenen Hell- und Dunkelabstufungen darzustellen. Die Entwürfe und Spitzen Leni Matthaeis haben grafische Qualitäten. Klöppelschläge von unterschiedlicher Fadendichte ahmen die Grauwerte der Entwurfszeichnung nach. Die Motive stammen meist aus der Pflanzenwelt oder entwickeln sich aus geometrischen Konstruktionen.

Ornamente entstehen aus ihrem „meisterhaften Können, Naturerlebnisse in die Formensprache des Spitzenmaterials zu übersetzen"[66]. Dabei haben ihre Spitzen einen expressiven Charakter.

Leni Matthaeis Entwürfe und Spitzen stießen schon früh auf große Resonanz. Sieben Jahre nach der ersten Veröffentlichung im Jahre 1906 konnte sie beachtliche Erfolge vorweisen und war in der Fachwelt anerkannt. Ihre Entwürfe galten als zukunftsweisend, und der Name Leni Matthaei wurde mit der Bezeichnung „Neuzeitliche Klöppelspitzen" in Verbindung gebracht. In der *Stickerei-Zeitung und Spitzen-Revue* des Jahres 1913 ist nachzulesen: „Sie gehört zu jenen, die die Neubelebung der Klöppelkunst anbahnten, sie hat als eine der ersten auch wieder harmonisch ausgeglichene, schöne neue Spitzenmuster gefertigt."[67] Bereits im zweiten Jahrzehnt des 20. Jahrhunderts genossen „die Arbeiten der bekannten Kunstgewerblerin Leni Matthaei" große Wertschätzung in den damals wichtigen Kunstzeitschriften: „Neben feiner Ausführung und schönem Material besitzen sie ein eigenes Gepräge der Muster, die sich ungezwungen aus der Grundlage strenger geometrischer Formen aufbauen und zu außerordentlicher Mannigfaltigkeit gestalten."[68] Im Jahre 1918 zählte Else Levin die Entwerferin Leni Matthaei gar „zu den erfolgreichsten Künstlerinnen, die der deutschen Spitze im In- und Auslande zu Ehren und Ansehen verholfen haben"[69].

Viele Werke von Leni Matthaei finden sich heute in großen kunstgewerblichen Museen in Deutschland und in Europa, ja sogar in den USA.[70]

Anmerkungen

1 Zitat aus einem Interview des Südwestfunks, das Manfred Groh am 11. März 1954 mit Leni Matthaei führte.

2 Deutsche Kunst und Dekoration. Illustrierte Monatshefte für moderne Malerei, Plastik, Architektur, Wohnungskunst und künstlerisches Frauenschaffen, 19 (1906/1907), S. 229.

3 „Vielleicht sind die meisten Muster etwas gar zu kompliziert und zu wenig stofflich, doch dürften sie mancherlei brauchbare Anregung zu weiterer Betätigung geben." – Ebd.

4 Mühlensiepen, Inge: Leni Matthaei. Ein Leben für die Klöppelspitze. Hannover 1980, S. 94f.

5 „Corpus y almas" bedeutet übersetzt „Körper und Seele".

6 Die Entwürfe waren deshalb oftmals nur sehr schwer in die Klöppeltechnik umzusetzen.

7 Einschätzung von Frau Brigitte Bellon, bei der ich mich sehr herzlich für ihre sachkundige Fachberatung und für ihre Einführung in die Geschichte der Spitze bedanke.

8 Sie besuchte Familie Hill in London-West/Queensgate. Lebenserinnerungen, Privatbesitz.

[9] Dresslers Kunstjahrbuch. Hg. Willy Oskar Dressler, 7 (1913), S. 271.

[10] Harald Friedrich, geb. 14.4.1858 in Dresden, Akademieschüler von Léon Pohle und F. Pauwels in Dresden, Studium im Atelier Anton v. Werners in Berlin, seit 1895 Professor an der Technischen Hochschule in Hannover. s. Thieme/Becker: Allgemeines Lexikon der bildenden Künstler. Von der Antike bis zur Gegenwart. München 1992, Bd. 12, S. 469f.

[11] Ernst Pasqual Jordan, geb. 22.1.1858 in Hannover, gest. 1924 in Hannover. Stipendiat der Berliner Kunstgewerbeschule, danach Akademieschüler bei Ernst Hildebrand. Seit 1887 Dozent für Zeichnen und Architekturmalerei an der Technischen Hochschule und an der Kunstgewerbeschule Hannover. s. Thieme/Becker, Bd. 19, S. 157.

[12] Im Jahre 1913 wurden folgende Lehrfächer angeboten: Zeichnen von Studienköpfen, Figuren, Kostüm- und Ornamentzeichnen, Malen nach lebenden Blumen und kunstgewerblichen Vorbildern, Entwerfen von kunstgewerblichen Gegenständen und Modellieren. s. Dressler, 1913, S. 271.

[13] Otto Hamel (häufig Hammel), geb. 6.3.1866 in Erfurt, gest. 1950 in Lohr, Landschafts- und Genremaler, studierte an der Kunstschule Erfurt, an der Unterrichtsanstalt des Kunstgewerbemuseums Berlin und an der Academie Julian in Paris; Professor an der Kunstgewerbeschule Hannover für die Abteilung dekorative Malerei. s. Vollmer: Allgemeines Lexikon der bildenden Künstler des 20. Jahrhunderts. München 1992, Bd. 2, S. 364.

[14] Im Jahre 1913 war die Schule in eine Maschinenbauschule und eine Kupferschmiedefachschule sowie in die Abteilungen für Dekorationsmaler, Bildhauer, Tischler, Kunstschmiede, Bauhandwerker sowie für Damen untergliedert. Das monatliche Schulgeld für die Tagesschule betrug sechs Mark. s. Dressler, 1913, S. 271.

[15] Lebenserinnerungen.

[16] Spitzen-Mappe. Motiv-Quelle für die Spitzen- und Stickerei-Industrie. 3 Bde. Plauen um 1907.

[17] Leni Matthaei: Mein Werdegang. In: Stickerei- und Spitzen-Rundschau: Das Blatt der Frau. Illustrierte Zeitschrift zur Förderung der deutschen Stickerei- und Spitzen-Kunst. Zentralorgan für die Hebung der künstlerischen Frauenarbeit, 20 (1920), S. 201.

[18] Möglicherweise handelte es sich bei diesen Spitzenabbildungen um die ersten modernen Jugendstilspitzen aus Wien, die auf der Pariser Weltausstellung 1900 überwältigenden Erfolg hatten. s. Framke, Gisela: Der K.K. Zentral-Spitzenkurs in Wien. Die Donaumonarchie produziert Spitzen. In: Spitze – Luxus zwischen Tradition und Avantgarde. Hg. Gisela Framke. Museum für Kunst und Kulturgeschichte der Stadt Dortmund. Heidelberg 1995, S. 52–74.

[19] Deutsche Kunst und Dekoration. Illustrierte Monatshefte zur Förderung Deutscher Kunst und Formensprache, 16 (1905), S. 757.

[20] Frauberger, Tina: Handbuch der Spitzenkunst. Technisches und Geschichtliches über die Näh-, Klöppel- und Maschinenspitzen. Leipzig 1894. – Tina Frauberger war Vorsteherin der Kunststickereischule in Düsseldorf.

[21] Für den dreijährigen Kurs fehlte wiederum das Geld. – Lebenserinnerungen.
[22] Stickerei-Zeitung und Spitzen-Revue, 14 (1913/14), S. 31.
[23] An den Namen dieses Malers kann sich Leni Matthaei nicht mehr erinnern.
[24] Levin, Else: Handgeklöppelte Arbeiten von Leni Matthaei. In: Textile Kunst und Industrie. Illustrierte Monatshefte für die künstlerischen Interessen der gesamten Textilindustrie, 12 (1921), S. 161.
[25] Stickerei-Zeitung und Spitzen-Revue, 14 (1913/14), S. 33.
[26] Leni Matthaei: Mein Werdegang. In: Stickerei- und Spitzen-Rundschau, 20 (1920), S. 204. – In diesem Artikel wird angegeben, daß der Künstlerin ein Gewinn von 15 Prozent blieb. In späteren Jahren dürfte die Gewinnspanne jedoch deutlich höher gewesen sein.
[27] Levin, Else: Spitzenarbeiten von Leni Matthaei. In: Textile Kunst und Industrie, 10 (1918/19), S. 54.
[28] Immenroth, Lydia: Geschichte der Spitze – Streiflichter. In: Spitzen und Mode. Beiträge zur Eröffnung und Begleitung der Ausstellung „Spitze – Luxus zwischen Tradition und Avantgarde" im Museum für Kunst und Kulturgeschichte der Stadt Dortmund. Hg. Marianne Herzog. Baltmannsweiler 1996, S. 34.
[29] Eine umfassende und zusammenhängende Darstellung der Spitzenkunst im 20. Jahrhundert steht leider noch aus. Einen detaillierten Einblick in die Spitzenherstellung zu Beginn des 20. Jahrhunderts bietet der Ausstellungskatalog: Spitze – Luxus zwischen Tradition und Avantgarde, 1995. – Einen biografischen Zugang wählt der Deutsche Klöppelverband mit: Spitzen des 20. Jahrhunderts. 1900–1950. Hg. Deutscher Klöppelverband e.V., Übach-Palenberg 1995.
[30] Mehnert-Pfabe, Elisabeth: Klöppelspitzen. Ausstellungskatalog des Museums für Kunsthandwerk Leipzig, Grassimuseum. Leipzig 1987, S. 6.
[31] Stickerei- und Spitzen-Rundschau, 17 (1916/17), S. 8.
[32] Deutsche Kunst und Dekoration, 19 (1906/07), S. 229.
[33] Die Klöppelkunst existierte als Lehr- und Prüfungsfach an verschiedenen Kunst- und Gewerbeschulen.
[34] Deutsche Kunst und Dekoration, 19 (1906/07), S. 229. Vgl. Stickerei- und Spitzen-Rundschau, 17 (1916/17), S. 18.
[35] Droste, Magdalena: Women in the Arts and Crafts and in Industrial Design 1890–1933. In: Frauen im Design. Berufsbilder und Lebenswege seit 1900. Hg. Landesgewerbeamt Baden-Württemberg Design-Center Stuttgart. Stuttgart 1989, S. 182.
[36] Stickerei- und Spitzen-Rundschau, 17 (1916/17), S. 213.
[37] Deutsche Kunst und Dekoration, 22 (1908), S. 337.
[38] Hepp, Corona: Avantgarde. Moderne Kunst, Kulturkritik und Reformbewegung nach der Jahrhundertwende. München 1987, S. 160–165.
[39] Schütte, Marie: Zu den Arbeiten von Leni Matthaei. In: Stickerei- und Spitzen-Rundschau, 17 (1916/17), S. 120.
[40] Artikelüberschrift in: Stickerei- und Spitzen-Rundschau, 17 (1916/17), S. 43.
[41] Schütte, Marie: Zu den Arbeiten von Leni Matthaei. In: Stickerei- und Spitzen-Rundschau, 17 (1916/17), S. 120.

[42] Stickereien und Spitzen. Blätter für kunstliebende Frauen, 29 (1928/29), S. 105. – Neben Leni Matthaei haben sich in Deutschland vor allem Johanna Harre aus Hannover und Elfriede Freiin von Hügel aus Stuttgart um die moderne Klöppelspitze in Deutschland verdient gemacht.

[43] Eine wissenschaftliche Aufarbeitung des Begriffs „Neue Deutsche Spitzenkunst“ steht leider noch aus.

[44] Überschrift des Artikels von Th. von Sehlen: Von der Entwicklung der neudeutschen Klöppelspitze von Leni Matthaei. In: Textile Kunst und Industrie, 8 (1915), S. 142–145.

[45] Ebd., S. 145.

[46] Kunst + Handwerk. Monatszeitschrift für angewandte und dekorative Kunst, Heft 6/7, 1958, S. 13. – Nach Auskunft des Museums für Kunsthandwerk in Leipzig sind dort Briefe von Leni Matthaei an Marie Schütte erhalten, die sich beide in den 1930er Jahren für die handgearbeitete deutsche Spitze einsetzten.

[47] Levin, Else: Spitzenarbeiten von Leni Matthaei. In: Textile Kunst und Industrie, 10 (1918/19), S. 53.

[48] Leni Matthaei: Mein Werdegang. In: Stickerei- und Spitzen-Rundschau, 20 (1920), S. 204.

[49] Sehlen, Th. von: Entwicklung der neudeutschen Klöppelspitze. In: Textile Kunst und Industrie, 8 (1915), S. 143.

[50] In den 1920er und 1930er Jahren nahm sie regelmäßig an den Grassimessen teil. – Mehnert-Pfabe, Klöppelspitzen, 1987, S. 17.

[51] Heutige Bezeichnung: Verband der Gemeinschaften der Künstlerinnen und Kunstfreunde e. V.

[52] 60 Jahre GEDOK Hannover 1927–1987. Bildende Kunst, Angewandte Kunst, Literatur, Musik, Kunstfreunde. Hannover 1987, S. 5.

[53] Satzung der Reichs-GEDOK, 1932. Amtsgericht Hamburg, Vereinsregister Bd. 75, Nr. 4487.

[54] In der Gruppe der Handwerkerinnen stellten auch Johanna Harre und sechs weitere Künstlerinnen aus. – Frau und Gegenwart vereinigt mit Neue Frauenkleidung und Frauenkultur. Zeitschrift für die gesamten Naueninteressen, 25 (1928), Heft 4.

[55] 70 Jahre GEDOK. GEDOK – Republik der Künste. Avantgarde und Tradition. Hg. GEDOK Schleswig-Holstein. Lübeck 1996, S. 90.

[56] Protokoll der Jahresversammlung der GEDOK in Bremen 1931. Amtsgericht Hamburg, Vereinsregister Bd. 75, Nr. 4487.

[57] Frau und Gegenwart, 25 (1929), Heft 11.

[58] Sie war als erste Frau von 1924 bis 1930 im Vorstand des Kunstgewerbevereins Hannover tätig. Der Kunstgewerbeverein Hannover war um 1886 gegründet worden zum „Zweck der Unterhaltung und Ausbau des Kunstgewerbemuseums und Förderung des Kunstgewerbes“. s. Dressler, 1913, S. 273.

[59] 70 Jahre GEDOK, S. 142.

[60] Die Kunstgewerbeschulen boten bereits vor 1919 einzelne Studienmöglichkeiten für Frauen an. Im 19. Jahrhundert erteilten auch die drei Damenakademien in Berlin, München und Karlsruhe professionellen Unterricht.

[61] Maler und Grafiker in Hannover, Bruder des deutschen Malers, Grafikers und Karikaturisten Ferdinand Albert Burger (geb. 1879). s. Vollmer, Bd. 1, S. 354.

[62] Charakterisierung des Stiles. s. Art Deco Druckgrafik. Gestaltet und herausgegeben v. Marshall Lee. Deutsche Ausgabe Frankfurt 1986, S. 19.

[63] Mit einer Goldmedaille wurden auch eine rechteckige Decke (Entwurf 1927, 30 x 50 cm) und eine Meterspitze (Entwurf 1929) ausgezeichnet. Siehe Abbildungen in: Mühlensiepen, 1980, S. 74f.

[64] Lebenserinnerungen.

[65] „Wir sind weiter gekommen im Behandeln der ‚Elemente' der Klöppelkunst –: ‚Drehung und Kreuzung'. Die Zusammensetzung von beiden Schlägen: Halbschlag, Ganzschlag, Flechte, Gimpenschlag, Leinenschlag, Kettenschlag, Formenschlag ist vielseitiger, reicher in der Gliederung, belebter im Flächen-Aufbau geworden. Jeder Schlag ist nun selbständig, dem andern gleichwertig; durch verschiedenartigste Anwendung und durch die Erweiterung dieser Klöppel-Schlag-Arten kamen wir zu neuer Gestaltung und Erzielung von neuartigen ‚Licht- und Schattenwirkungen' in der Struktur der Spitze." Zitat von Leni Matthaei. In: Stickereien und Spitze. Blätter für kunstliebende Frauen, 30 (1929/30), S. 44.

[66] Knoefel, Erna: Schöpferin Deutscher Spitzenkunst – Leni Matthaei. In: Kunst + Handwerk, 1961, S. 17.

[67] Stickerei-Zeitung und Spitzen-Revue, 14 (1913/14), S. 31.

[68] Stickerei- und Spitzen-Rundschau, 17 (1916/17), S. 214.

[69] Levin, Else: Spitzenarbeiten von Leni Matthaei. In: Textile Kunst und Industrie, Bd. 10 (1918/19), S. 51.

[70] Folgende Museen und Einrichtungen sind zu nennen: Rijksmuseum in Amsterdam, Kunstgewerbliches Museum in Berlin, Musées royaux d'Art et d'Histoire in Brüssel, Museum für Kunst und Kulturgeschichte in Dortmund, Kunstgewerbemuseum der Staatlichen Kunstsammlungen in Dresden, Badisches Landesmuseum in Karlsruhe, Museum für Angewandte Kunst in Köln, Deutsches Textilmuseum in Krefeld, The Museum of Modern Art in New York, Museum Nienburg an der Weser, Museum Boymans-van Beuningen in Rotterdam, Textilmuseum in St. Gallen, Württembergisches Landesmuseum in Stuttgart, Österreichisches Museum für Angewandte Kunst in Wien. Auch der Deutsche Klöppelverband e.V. besitzt eine Sammlung. Das Museum für Kunst und Gewerbe in Hamburg hat im Jahre 1961 eine Zusammenstellung ihrer Arbeiten in Form von Kunstschutzmustern übernommen. Ein größeres Konvolut an Spitzen gehört zum Bestand des Heimatmuseums Reutlingen.

Erste Naturstudie bei Prof. Hamel
Aquarell auf Papier, 1903
15 × 13 cm
Privatbesitz

Hegelhof, Schwarzwald
Wachsstifte auf Transparent-papier, 1921
8 × 11 cm
Privatbesitz

Hegelhof, Schwarzwald
Wachsstifte auf Transparent-papier, 1921
11 × 11 cm
Privatbesitz

Bauerngarten
Wachsstifte
auf Transparent-
papier, 1921
14 × 14 cm
Privatbesitz

Spiegelung Herrenhausen, Hannover
Wachsstifte auf Transparentpapier, 1922
8 × 18 cm
Privatbesitz

Schramberg
Wachsstifte
auf Transparent-
papier, 1923
14 × 14 cm
Privatbesitz

Dächer im Winter nach Sonnenuntergang
Wachsstifte auf Transparentpapier, 1923
18 × 13 cm
Privatbesitz

Abstrakte
Komposition
Wachsstifte
auf Transparent-
papier
1921–1925
10 × 10 cm
Privatbesitz

Abstrakte
Komposition
Wachsstifte
auf Transparent-
papier
1921–1925
10 × 5 cm
Privatbesitz

Blumenzeichnung
Wachsstifte auf
Transparentpapier
1921–1925
10 × 10 cm
Privatbesitz

Entwurf für Wollstickerei
Wachsstifte auf Transparent-papier, 1925
10 × 10 cm
Privatbesitz

Abstrakte
Komposition
Aquarell auf
Karton, 1925
24 × 24 cm
Privatbesitz

Abstrakte
Komposition
Aquarell auf
Papier, 1925
24 × 24 cm
Privatbesitz

Der Aquarell-
entwurf wurde
als Spitzendecke
ausgeführt
(s. Abb. S. 84).

Wickenblüten
Aquarell auf
Papier, 1944
18 × 24 cm
Privatbesitz

Entwurf und Ausführung – Bericht über eine langjährige Zusammenarbeit mit Leni Matthaei

Christa Zimmermann

Leni-Matthaei-Spitzen entdeckte ich 1961 im Museum für Kunst und Gewerbe in Hamburg. Ich lebte erst seit kurzem in der Bundesrepublik und kannte nur Spitzen aus dem Erzgebirge, die ich seit meinem sechsten Lebensjahr klöppelte.

Nun sah ich Neues, fast eine Umkehrung: dichtgeklöppelter Leinenschlag mit unzähligen Klöppelpaaren gearbeitet, wenige freie Zwischenräume, kein Stoffeinsatz, voll ausgeklöppelte Leinenschlagdecken wie beispielsweise beim Korallenmuster. Damals konnte ich nicht begreifen, daß man auch größere, abstrakte Exponate in einer Arbeitsabfolge klöppeln kann. Ich kannte nur Klöppelspitzen mit durchlaufenden Fäden, die zunächst in Einzelteilen gearbeitet und später zusammengefügt wurden.

Meine Neugier war geweckt. Bald nach meinem Umzug in den Stuttgarter Raum im Jahr 1964 besuchte ich Leni Matthaei. Ihre Freude war groß, als sie erfuhr, daß ich klöppeln konnte und Interesse an ihren Arbeiten hatte. Durch die Teilung Deutschlands hatte sie ihre Klöpplerinnen im Erzgebirge verloren.

Versuchsweise sollte ich eine Spitze arbeiten. Erst beim Klöppeln merkte ich: Die Nadelpunkte waren unterschiedlich gesetzt, und die Klöppelpaare mußten bei jedem neuen Rapport anders geführt werden. Die Zeit des entspannten, sich gleichmäßig wiederholenden Klöppelns war vorbei. Nun waren Konzentration, Durchhaltevermögen und der Einsatz meines gesamten Klöppelbestandes von 130 Paaren zur Pflicht geworden.

Viele Gespräche mit Leni Matthaei wurden notwendig. Ein Zeitraum des Experimentierens und behutsamen Heranarbeitens an ihre Entwürfe begann. Die neue Art des Klöppelns erlernte ich nur mühsam. Oftmals waren die Klöppelbriefe nicht eindeutig gezeichnet. Mußte ich einen Dreher oder einen Flechter klöppeln, wenn eine Linie gezeichnet war? Sollten die schwarz gefärb-

Leni Matthaei
und Christa
Zimmermann
Fotografie, 1967
Privatbesitz

Diese Aufnahme entstand im Jahre 1967, als Christa Zimmermann bereits zwei Jahre für Leni Matthaei klöppelte. Diese schaut ihr bei der Ausführung des runden Korallen-deckchens, dessen Entwurf aus dem Jahre 1907 stammt, kritisch, aber freundlich zu.

ten Stellen als dichter oder lockerer Leinenschlag gearbeitet werden? Die unterschiedlichen Gründe, die später als Füllung eingeklöppelt werden mußten, wenn das abstrakte Bild bereits seine Form hatte, bereiteten mir Kopfzerbrechen. Welcher Grund eignete sich am besten? Ein Kreissegment oder ein spitzes Dreieck zu klöppeln, erforderte ein ständiges Heraus- bzw. Hereinnehmen von Klöppelpaaren. Dabei durften die zahlreichen Abknotungen der Fäden auf keinen Fall sichtbar werden, wenn das Exponat ausgestellt werden sollte.

Ich setzte das ganze Wissen aus der Klöppelschule und meine Erfahrungen aus späterer Zeit ein. Einige Klöppelarbeiten gelangen mir nicht, der größte Teil fand jedoch die Anerkennung von Leni Matthaei. Ihre Entwürfe umzusetzen war sehr zeitintensiv. So benötigte ich etwa 150 Stunden, um die 60 x 60 Zentimeter große Decke „Barcelona" nachzuarbeiten, die erstmals 1929 für die Weltausstellung in Barcelona gefertigt und dort mit einer Goldmedaille ausgezeichnet worden war.

Allmählich konnte ich mich an viele ihrer Entwürfe heranwagen: Decken und Deckenumrandungen, Kragen, Ginkgoblätter, Schnecken. Abstrakte Werke arbeitete ich meistens in einem Arbeitsgang mit vielen Klöppelpaaren. Diese Einheit bei der Entstehung gab der Spitze Geschlossenheit, Ausdruckskraft und Schönheit.

Leni Matthaei gestattete mir nur wenige Ruhepausen, wenn ich angesichts der mehr als zahlreich am Klöppelsack hängenden Paare den Überblick verloren hatte. So schrieb sie mir am 21.5.1979: „Ich warte immer noch auf ihre Klöppelarbeit B 23." Gemeint war damit das bekannte Schneckenmotiv. Ihre Entwürfe sind registriert und als Kunstschutzmuster vor Nachahmung geschützt. Gefreut habe ich mich, als Leni Matthaei mir erlaubte, von allen Arbeiten, die ich für sie ausführte, ein Exemplar für meine eigene Sammlung anzufertigen. Meine Bestände an Leni-Matthaei-Spitzen sind jedoch bescheiden geblieben, da Familie und Beruf wenig freie Zeit ließen.

Für jede Klöppelarbeit stellte Leni Matthaei das passende Leinengarn zur Verfügung. Ausgeführte Arbeiten lieferte ich stets persönlich in Reutlingen ab. Leni Matthaei forderte erstklassige Qualität, sie entlohnte aber auch entsprechend gut. Sie war sehr kritisch, betrachtete jedes Exponat äußerst gewissenhaft und machte keine Zugeständnisse an die Qualität. So erlaubte sie nicht, Fäden anzuknoten. Durch das Aneinanderlegen von Anfang- und Endfaden sollte die Struktur der Spitze nicht beeinträchtigt werden. Auch als in den letzten Lebensjahren ihr Augenlicht sehr nachließ, hinderte sie das nicht, meine fertigen Arbeiten zu begutachten. Sie ertastete und befühlte dann die Spitzen!

Entwurfszeichnung
Engel
Richard Zimmermann
Kohle auf Pergament, 1980/81
43 × 33 cm
Privatbesitz

Die Entwurfszeichnung gab Leni Matthaei bei Richard Zimmermann in Auftrag, weil sie wegen ihres Augenleidens nicht mehr selbst zeichnen konnte. Richard Zimmermann mußte mehrere Entwürfe anfertigen, bis Leni Matthaei mit der Bildkomposition einverstanden war. Er signierte den Entwurf dann mit „LM“. Es handelt sich um die letzte Entwurfsidee von Leni Matthaei, die jedoch durch ihren Tod am 24. Januar 1981 nicht mehr als Klöppelarbeit ausgeführt werden konnte.

Welchen Weg meine geklöppelten Exponate gegangen sind, ist mir leider nicht bekannt. Die Ausführende eines Entwurfs blieb namenlos, wie ich auf zahlreichen Matthaei-Ausstellungen, die ich im Laufe der Zeit besuchte, feststellen mußte. Das war sowohl im Erzgebirge wie auch in anderen Regionen eine verbreitete Gepflogenheit.

Meine letzte Arbeit für Leni Matthaei war „Licht". Die Spitze wurde in einem Durchgang geklöppelt, zart in der Ausführung, symbolisch für Leben und Vergehen. Bald sollte unsere fünfzehnjährige Zusammenarbeit enden. Fünf Wochen vor ihrem Tod 1981 begegnete ich Leni Matthaei zum letzten Mal, immer noch von ihrer Lebensaufgabe beseelt. Mein Mann übergab ihr den Entwurf „Engel", den er nach ihren Angaben gezeichnet hatte. Etliche Vorentwürfe waren notwendig, bevor Leni Matthaei diese Arbeit akzeptierte. Wir besprachen noch die Ausführung. Der Engel sollte größtenteils im „weichen" Halbschlag geklöppelt werden. Ahnte sie schon die Auseinandersetzung mit dem Tod? Sollte dem Sterben etwas von seiner Härte genommen werden?

Leni Matthaei bin ich dankbar dafür, daß sie mich in ihre Entwürfe hineinführte, so daß ich sie nach ihrer Vorstellung klöppeln konnte. Ihre geistige Frische und schöpferische Kraft bewunderte ich sehr. Die letzten Lebensjahre wohnte sie in einem Reutlinger Altersheim, wo sie sich ein eigenes Arbeitszimmer wünschte. Bis ins 108. Lebensjahr hat Leni Matthaei die Gabe ihres Lebens und ihre schöpferische Energie genutzt. Ihre Impulse für das Kunsthandwerk Klöppeln prägten und bereicherten mich. Mit ihren unverwechselbaren Entwürfen schuf sie eine neue Spitzenkunst.

Katalog

HMR = Heimatmuseum Reutlingen

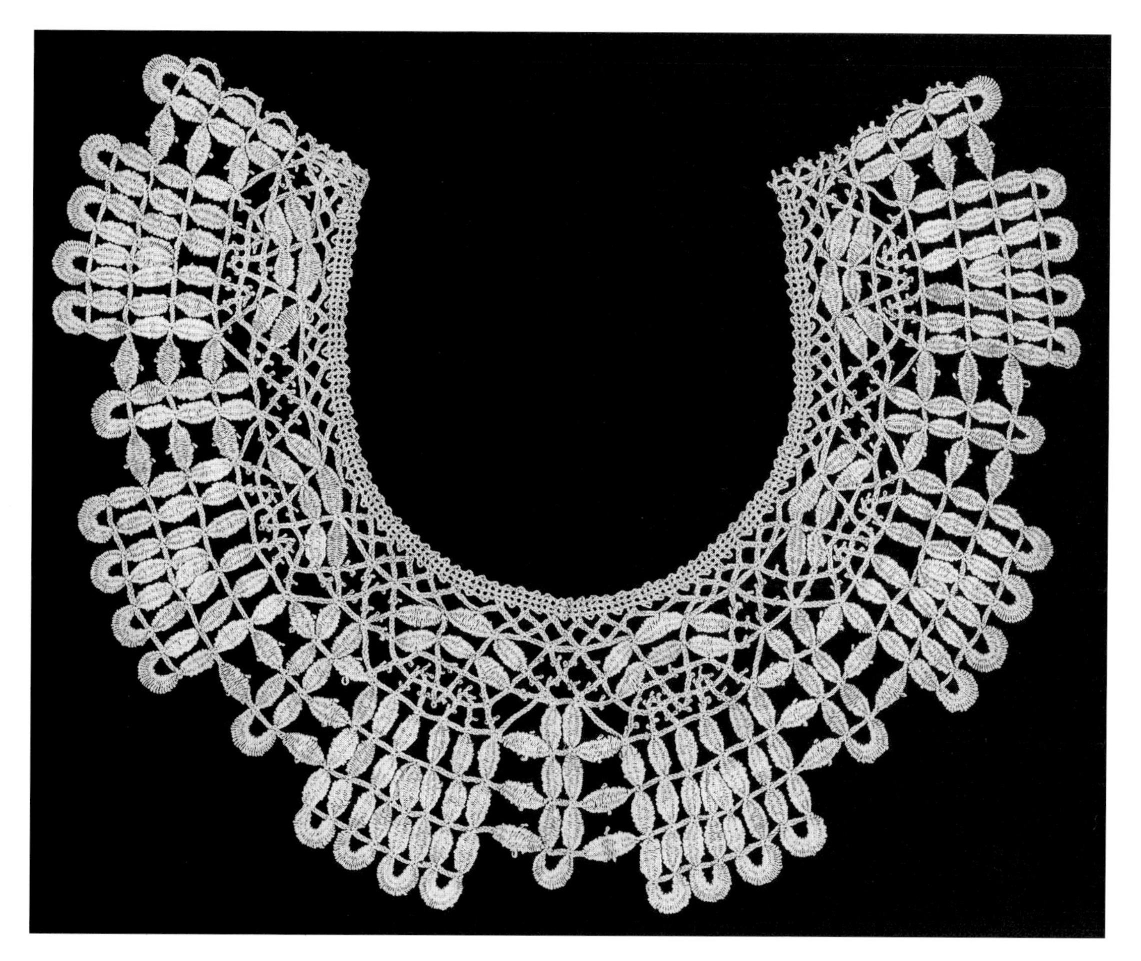

Kragen
Entwurf um 1910
11 cm breit
Museum Nienburg an der Weser

Das Spitzenmuster dieses Kragens entwarf Leni Matthaei bereits im Jahre 1908.

Runde Decke
Koralle
Entwurf
des Motivs
„Koralle“ 1907
26 cm Ø
HMR, Inv.-Nr.
915

Der Klöppelbrief
für diese Decke
s. Abb. S. 27.

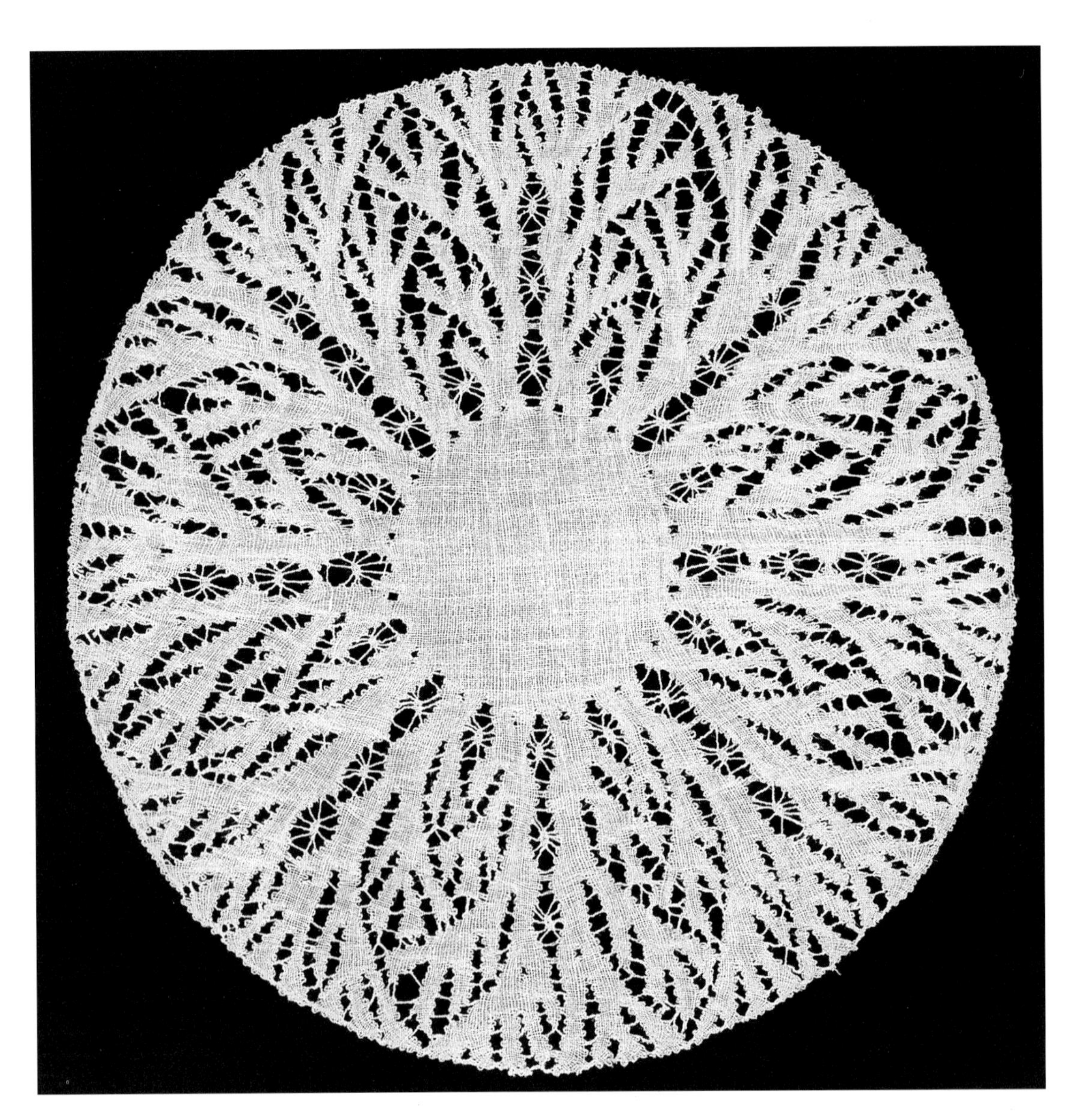

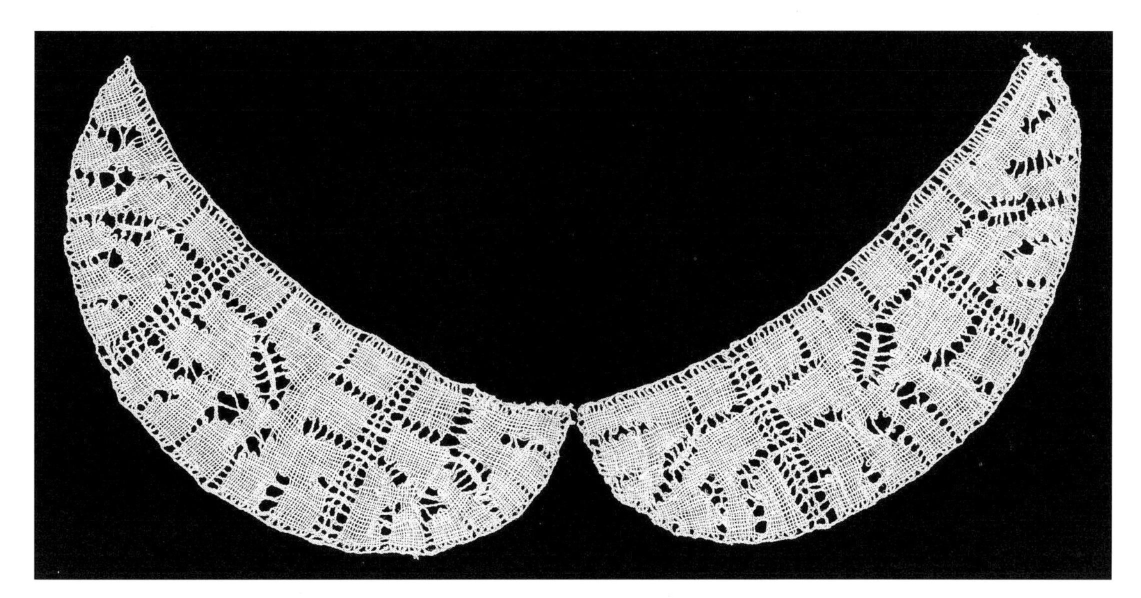

Kragenteile
Koralle
Entwurf des Motivs „Koralle“ 1907
5 × 12 cm
HMR, Inv.-Nr. 1994/668

Tischläufer mit Spitzeneinsätzen
Koralle
Entwurf des Motivs „Koralle“ 1907
30 × 68 cm
Württembergisches Landesmuseum Stuttgart

Spitzeneinsatz
Schnecke
Entwurf 1914
9 × 15 cm
Privatbesitz

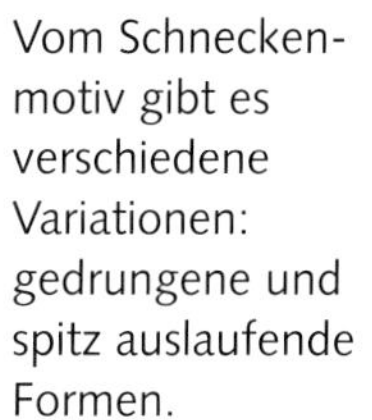

Vom Schneckenmotiv gibt es verschiedene Variationen: gedrungene und spitz auslaufende Formen.

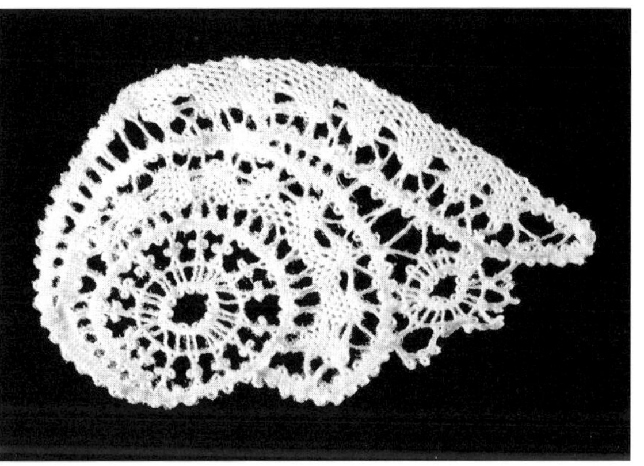

Spitzeneinsatz
Schnecke
Entwurf 1914
6 × 9 cm
Kunstgewerbemuseum der Staatlichen Kunstsammlungen Dresden

Runde Decke
mit neun
Spitzeneinsätzen
Schnecke
Entwurf
des Motivs
„Schnecke“ 1914
43 cm Ø
HMR, Inv.-Nr.
1994/644

Es gibt viele
verschiedene
Ausführungen
von Decken mit
dem Motiv
„Schnecke“. Die
Decken variieren
in der Größe und
in der Form sowie
in der Anzahl der
Spitzeneinsätze.

Tischläufer
mit drei
Spitzeneinsätzen
Schnecke
Entwurf des
Motivs
„Schnecke“ 1914
29 × 67 cm
HMR, Inv.-Nr.
1994/650

Im Bestand des Heimatmuseums Reutlingen befinden sich auch eine ovale Decke mit zehn (Inv.-Nr. 1994/653) und eine kleine quadratische Decke mit vier Spitzeneinsätzen (Inv.-Nr. 1994/638). Der Entwurf mit vier Einsätzen wurde neben anderen Entwürfen im Jahre 1972 mit dem Staatspreis Baden-Württemberg ausgezeichnet.

Spitzeneinsatz
Entwurf 1914
15 × 42 cm
Textilmuseum
St. Gallen

Ovale Decke
Entwurf
1914–1918
107 × 47 cm
Privatbesitz

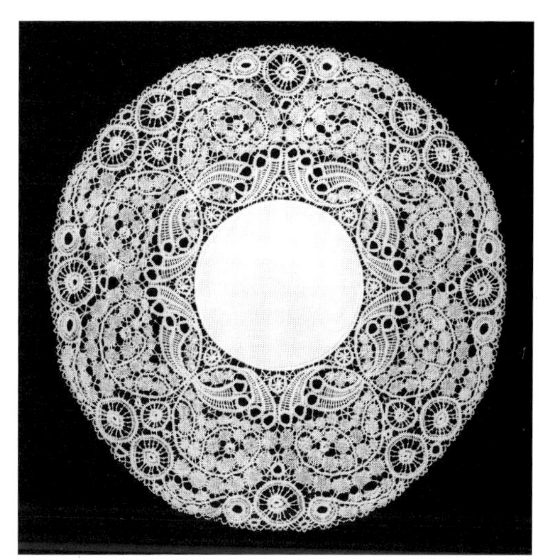

Runde Decke
Entwurf
1914–1918
52 cm Ø
Privatbesitz

Ovale Decke mit fünf Spitzen-einsätzen
Wassertropfen
Entwurf des Motivs „Wasser-tropfen" um 1915
49 × 35 cm
Privatbesitz

Spitzeneinsätze
Wassertropfen
Entwurf um 1915
12 × 14 cm
HMR, Inv.-Nr. 1994/661

9 × 4 cm
HMR, Inv.-Nr. 1994/659

17 × 4 cm
HMR, Inv.-Nr. 1994/660

Das Motiv „Wassertropfen" gibt es in verschiedenen Variationen. Die längliche Form dieses Motivs wurde zum Beispiel in die abgebildete ovale Decke eingesetzt.

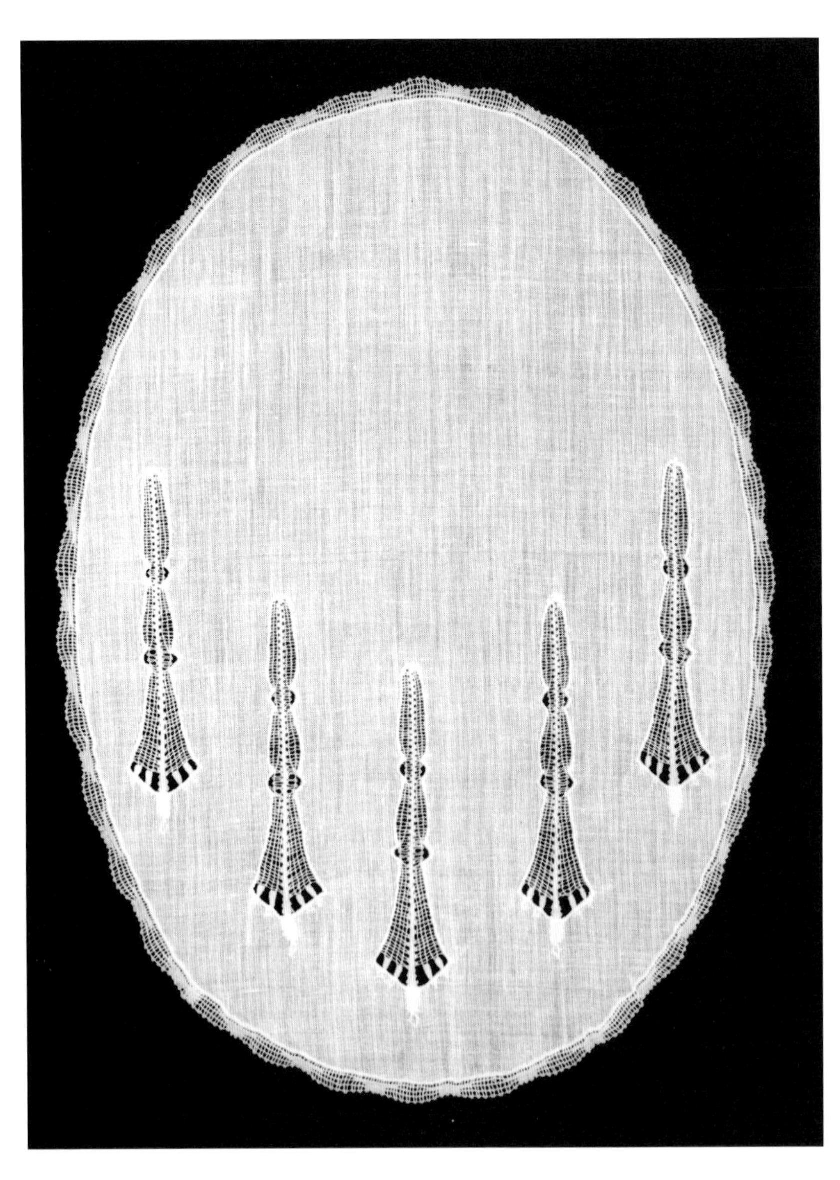

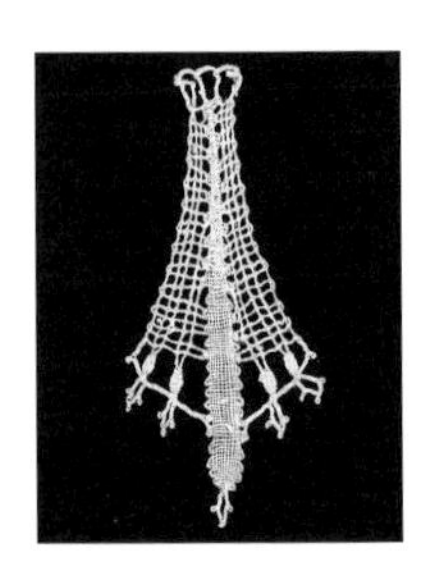

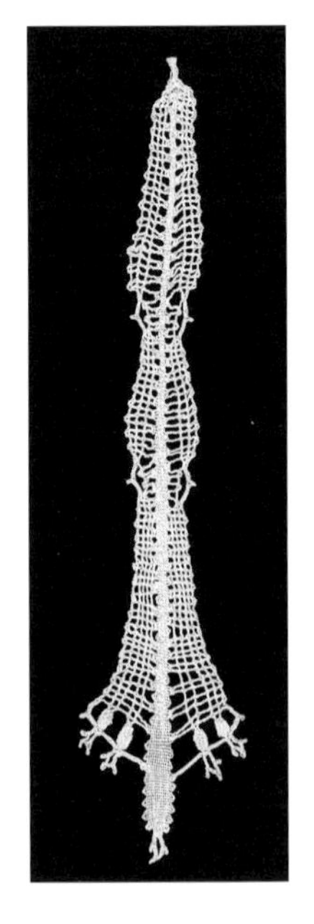

Muster für
Meterware
Entwurf 1916
8 cm breit
Württem-
bergisches
Landesmuseum
Stuttgart

Das Muster war auf der Spitzenausstellung im Königlichen Landes-Gewerbemuseum Stuttgart 1916/17 zu sehen. Beim Wettbewerb „Neue Klöppelspitze", Kennwort Technik, erhielt Leni Matthaei für dieses Spitzenmuster den Zweiten Preis.

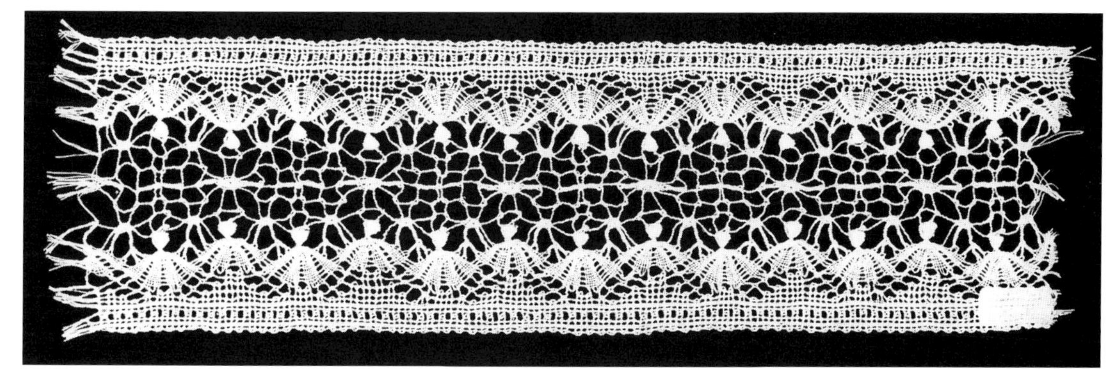

Muster für
Meterware
Entwurf 1916
7 cm breit
Württember-
gisches Landes-
museum Stuttgart

Ovale Decke mit Spitzenrand
Spielende Mücken
Entwurf des Motivs „Spielende Mücken"
um 1916
22 × 34 cm
Privatbesitz

Runde Decke
Sonnenrund mit spielenden Mücken
Entwurf um 1918
42 cm Ø
Württembergisches Landesmuseum Stuttgart

Spitzeneinsätze
Orchidee I–IV
Entwurf
1914–1918
9 × 9 cm
Privatbesitz

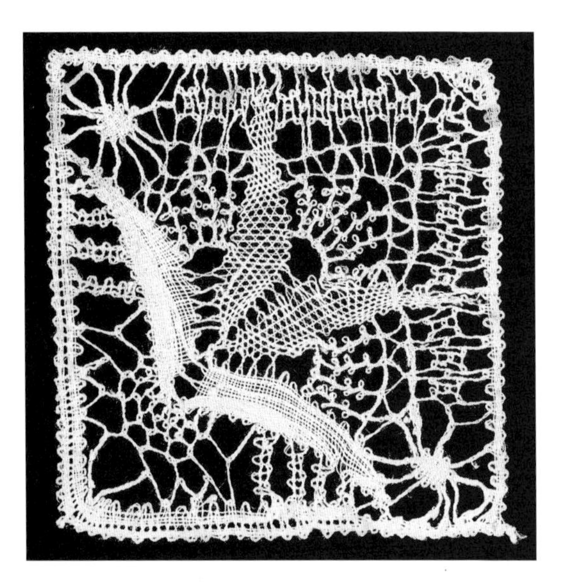

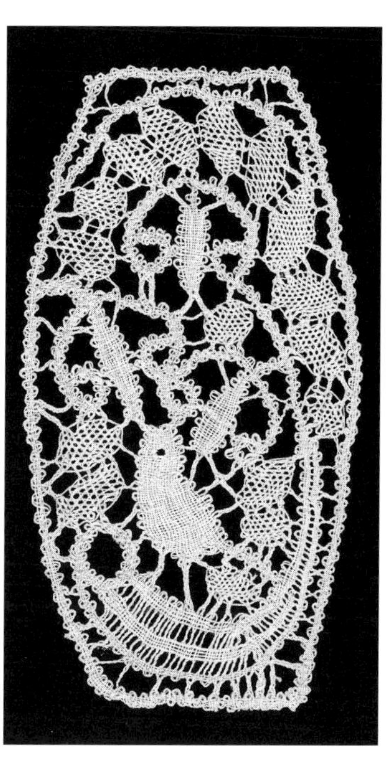

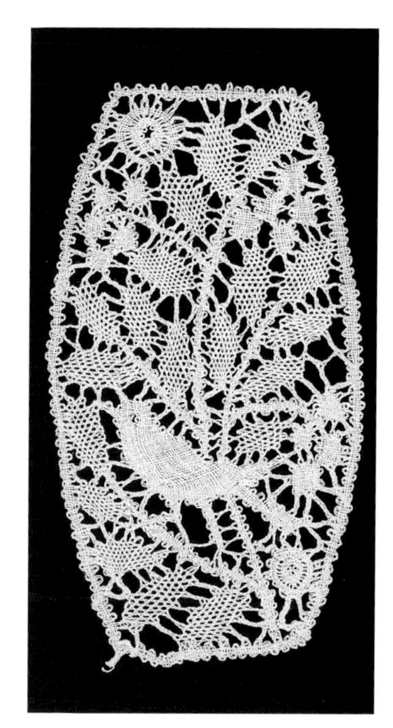

Spitzeneinsatz
Nachtigall
Entwurf um 1918
11 × 6 cm
Privatbesitz

Spitzeneinsatz
Nestküken
Entwurf um 1918
11 × 6 cm
Privatbesitz
Weitere Ausführung: Kunstgewerbemuseum der Staatlichen Kunstsammlungen Dresden.

Spitzeneinsatz
Meise
Entwurf um 1918
11 × 7 cm
Privatbesitz

Spitzeneinsatz
Motte
Entwurf um 1918
4 × 13 cm
Privatbesitz

Spitzeneinsatz
Flachblüte
Entwurf um 1918
5 × 14 cm
Privatbesitz

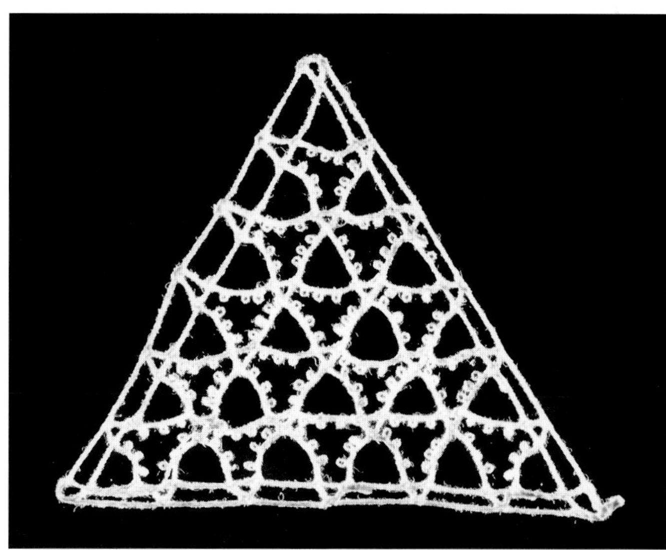

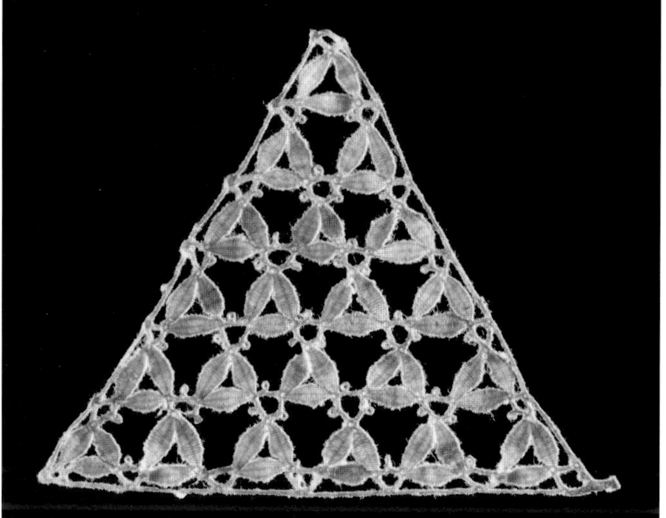

Dreieckige
Spitzeneinsätze
Entwurf um 1918
Kunstgewerbe-
museum der
Staatlichen Kunst-
sammlungen
Dresden

Das oben abge-
bildete dreieckige
Motiv (6 × 8 cm)
wurde im Aus-
schnitt, an der
Taille und am
Saum eines
Sommerkleids
eingesetzt.

Sommerkleid
Seide, 1920–1940
Privatbesitz

Das unten abge-
bildete Motiv
(7 × 8 cm) wurde
im Ausschnitt
eines Nachthemds
eingesetzt.

Ausschnitt eines
Nachthemds
Baumwolle
1920–1940
Privatbesitz

Runde Decke
Urzelle – Liebe
Entwurf des
Motivs um 1918
22 cm Ø
HMR, Inv.-Nr.
1991/641

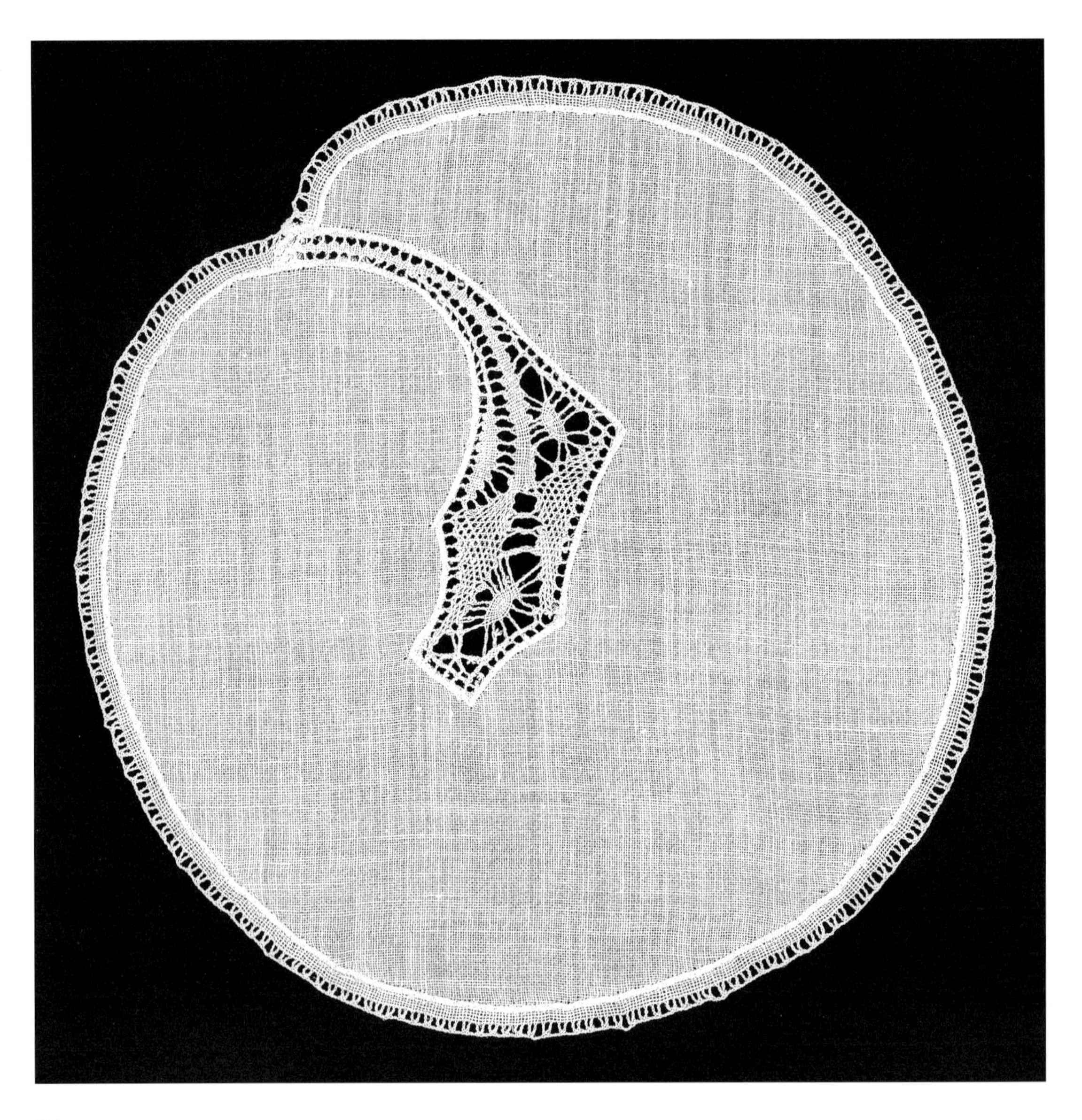

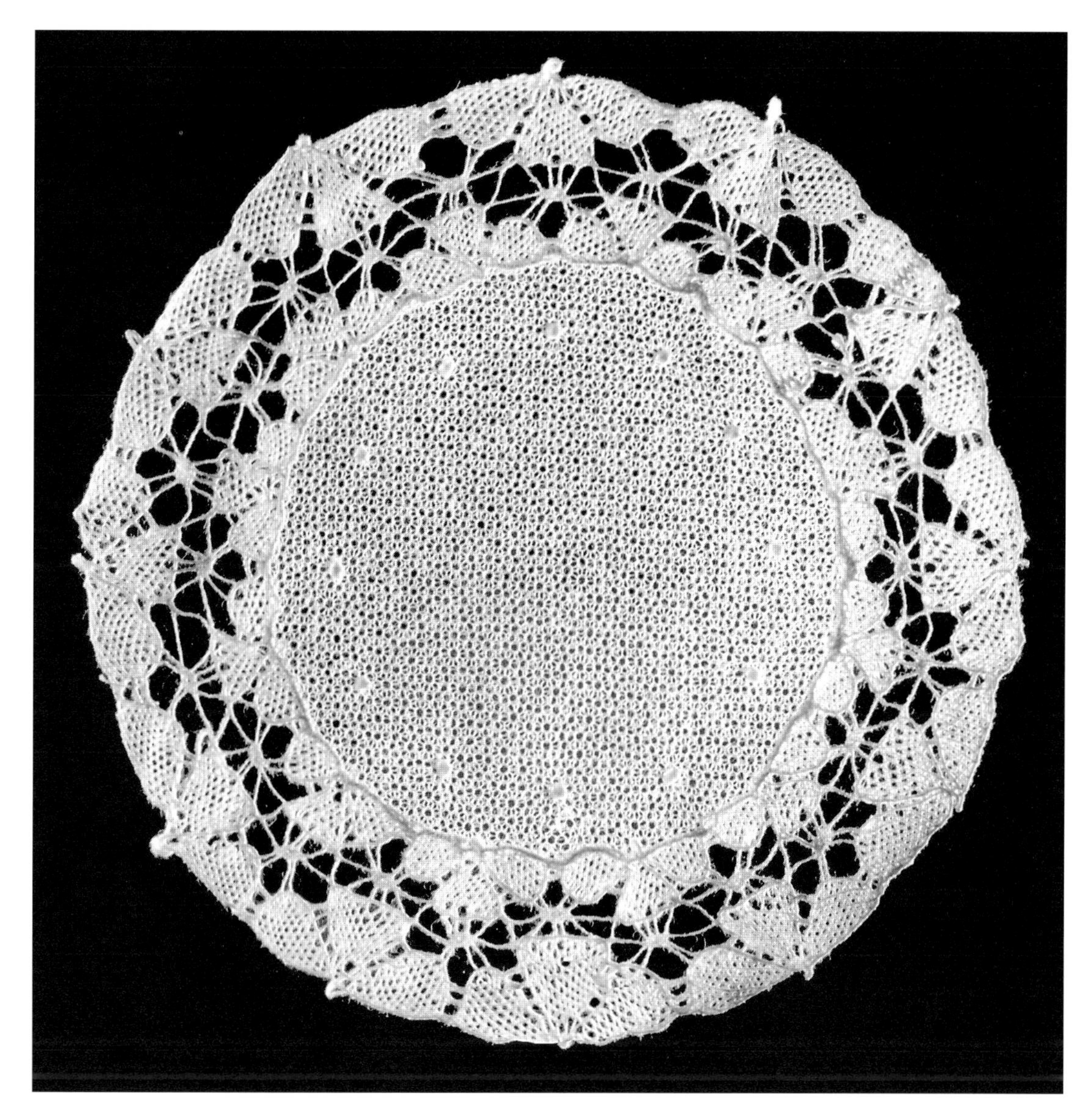

Runde Decke
Entwurf
1905–1918
15 cm Ø
Kunstgewerbe-
museum der
Staatlichen Kunst-
sammlungen
Dresden

Runde Decke
Entwurf um 1920
68 cm Ø
Privatbesitz

Den äußeren
Rand bildet das
Motiv „Herbst“,
für das Leni
Matthaei im Jahre
1972 den Staats-
preis Baden-
Württemberg
erhielt.

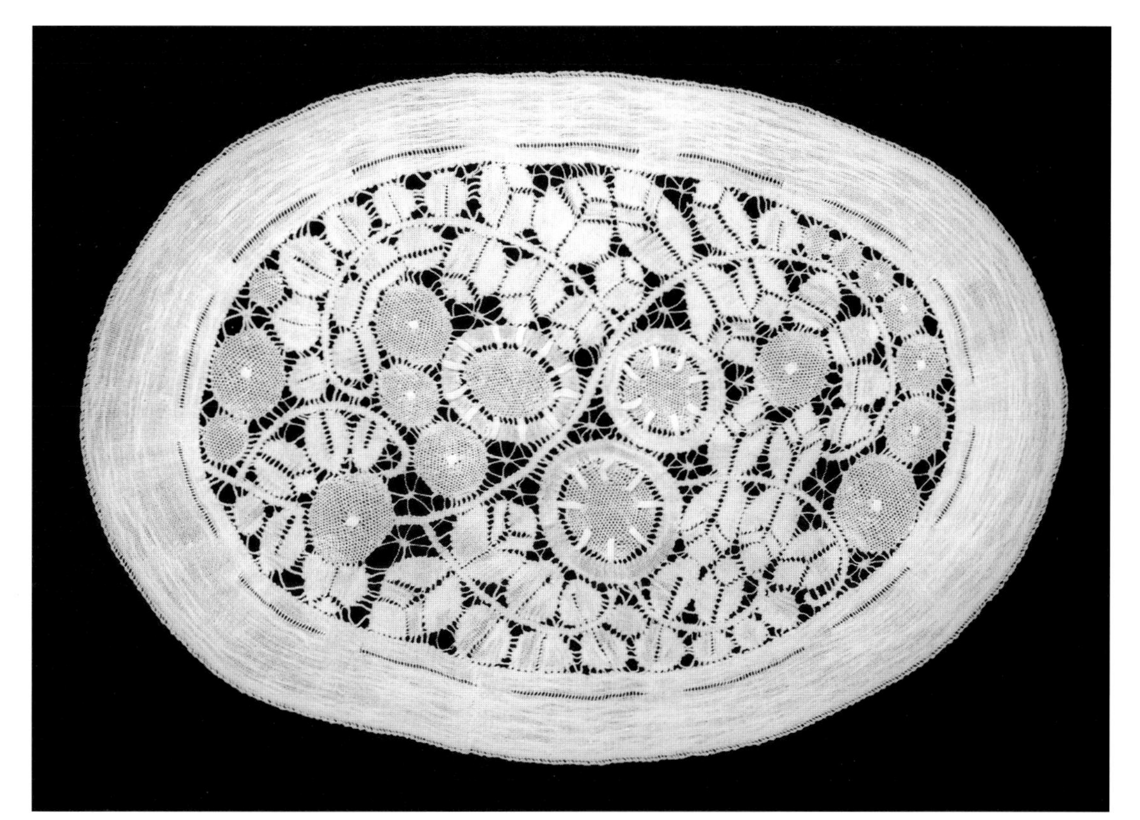

Ovale Decke
Entwurf
1918–1925
35 × 51 cm
Privatbesitz

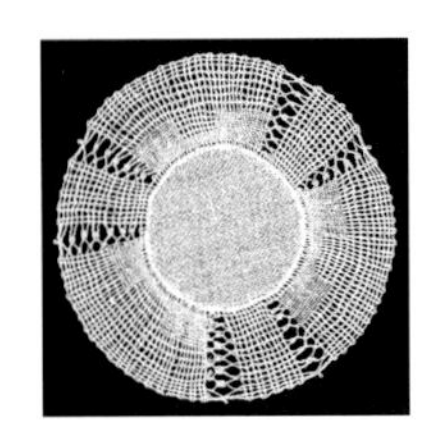

Runde Decke
mit Klöppelrand
Entwurf des
Motivs 1921
Ausführung 1944
10 cm Ø
HMR, Inv.-Nr.
1994/657

Das Deckchen
wurde vermutlich
als Glasunter-
setzer benutzt. Es
gehört zu einem
mehrteiligen Set
verschieden
großer Deckchen.
Weitere Aus-
führung: Würt-
tembergisches
Landesmuseum
Stuttgart

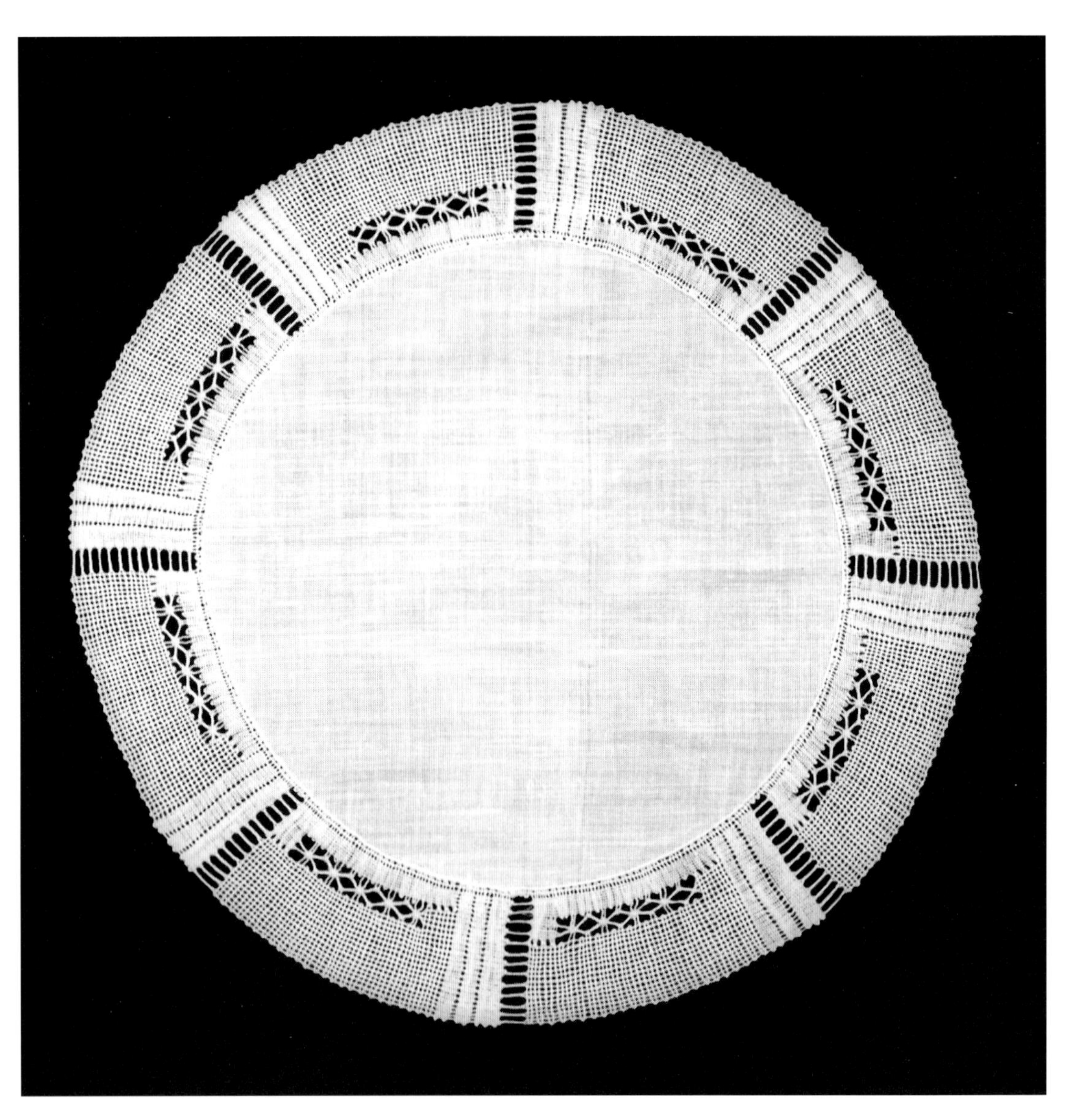

Runde Decke
mit Spitzenrand
Entwurf 1921
41 cm Ø
HMR, Inv.-Nr.
1994/652

Runde Decke
Sonnenrand
Entwurf
1920–1925
10 cm Ø
Privatbesitz

Das Motiv „Sonnenrand" wurde in verschiedenen Größen ausgeführt.

Runde Decke
mit Spitzenrand
Entwurf
1920–1930
59 cm Ø
Deutscher
Klöppelverband e.V.

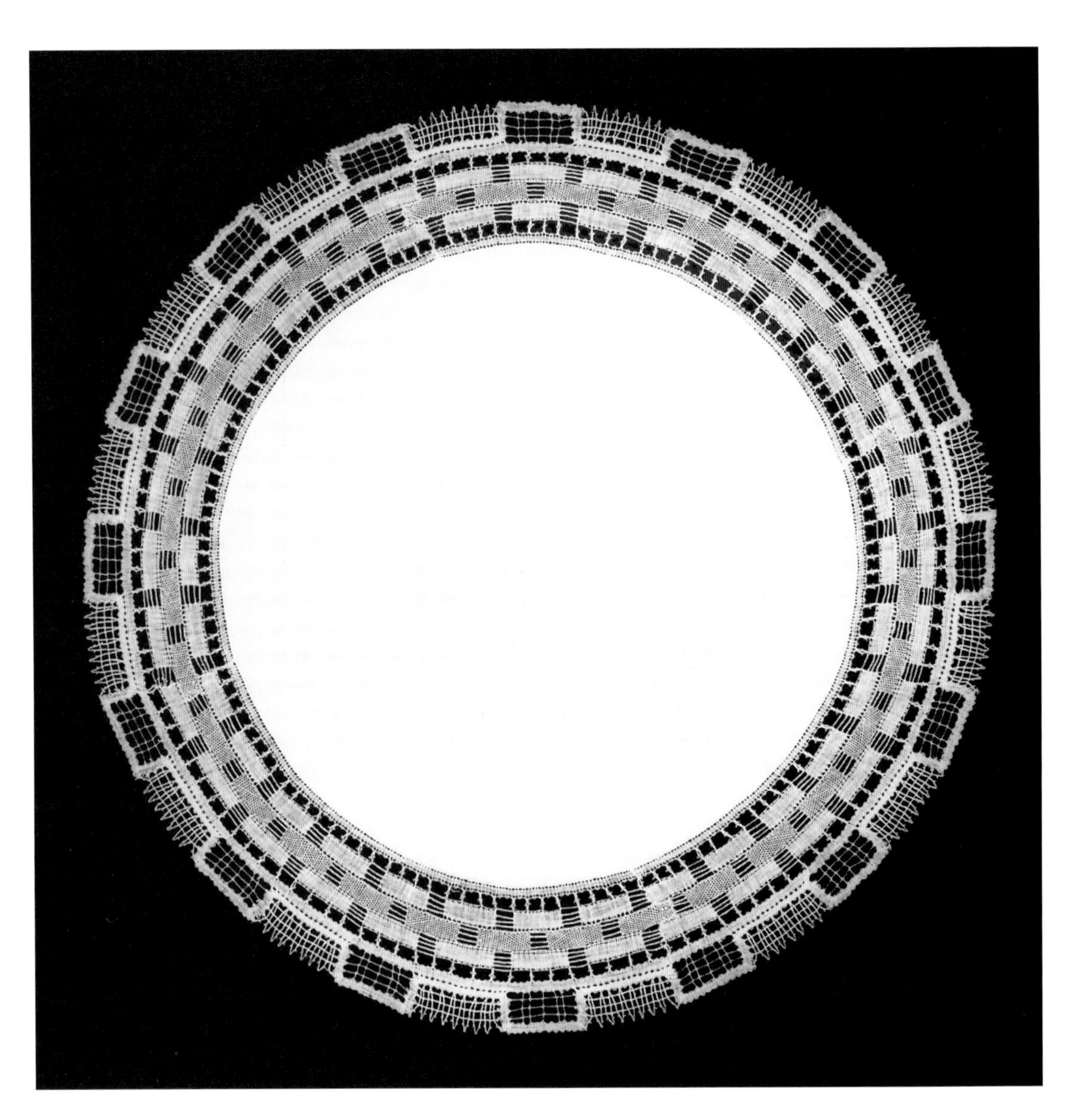

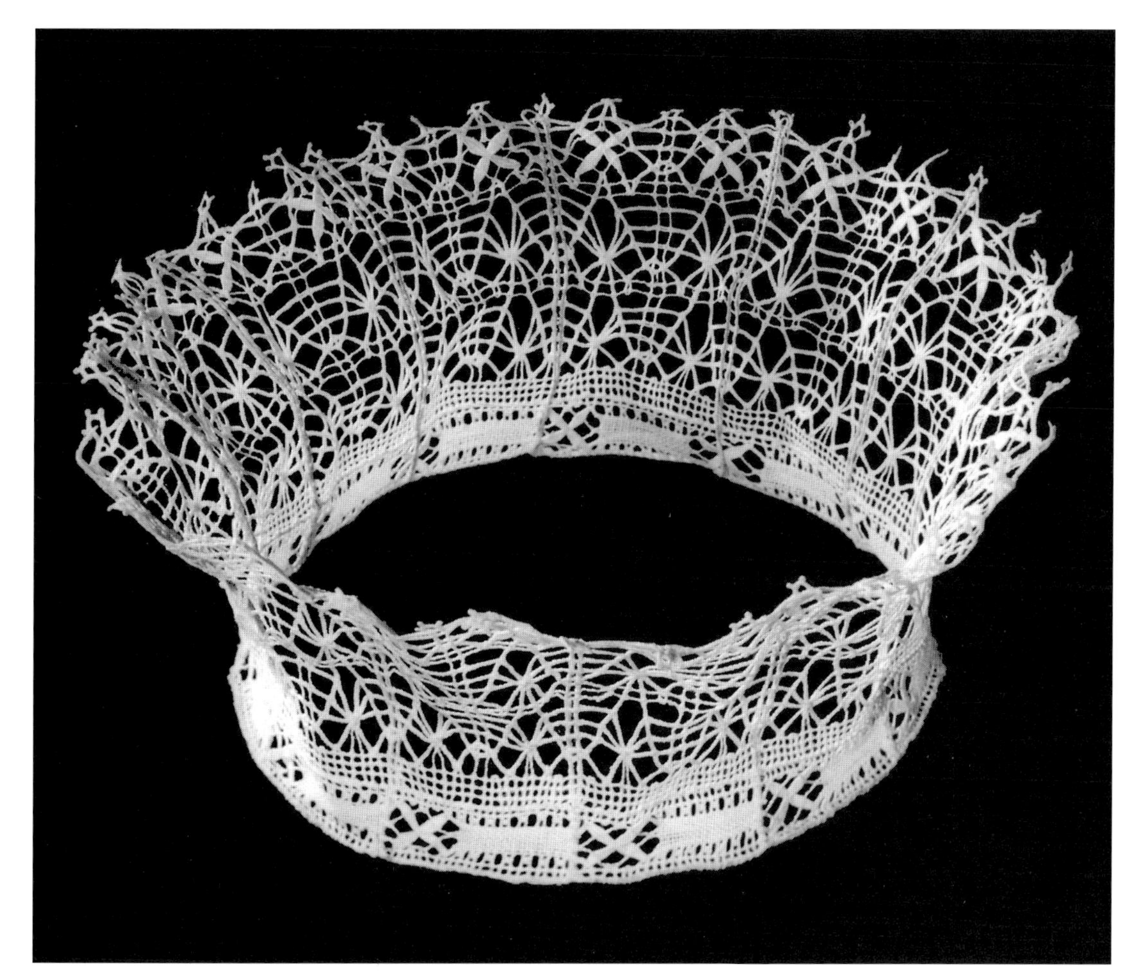

Brautkrone
Entwurf
1920–1930
9 cm Höhe
15 cm Ø
Privatbesitz

Rechteckige
Decke
Licht
Entwurf
1920–1930
22 × 11 cm
HMR, Inv.-Nr.
1994/637

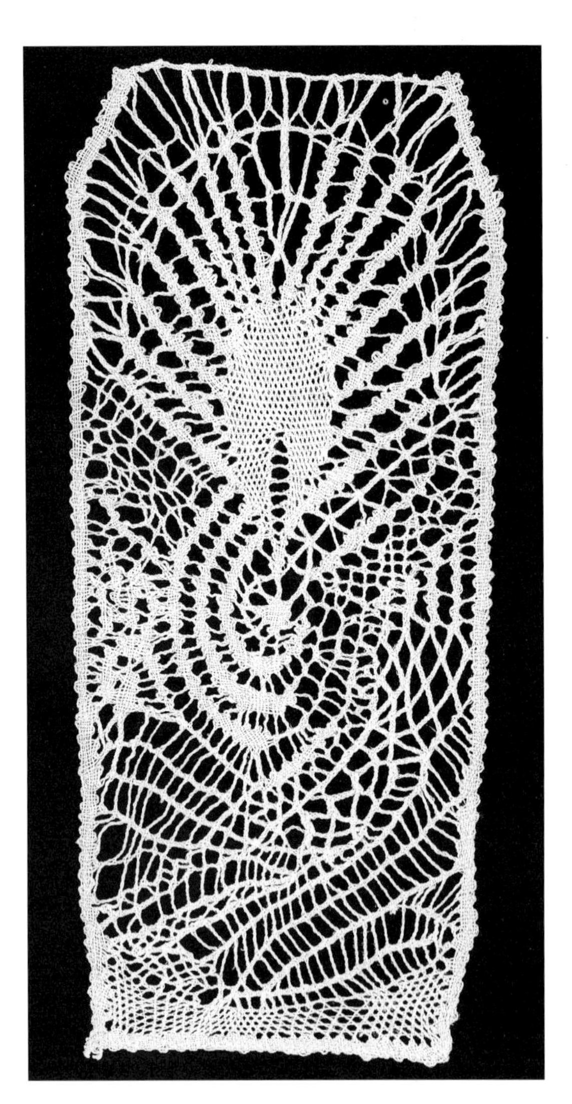

Erlebnisskizze
Licht
Tusche und
Bleistift auf
Karton
1920–1930
22 × 12 cm
Privatbesitz

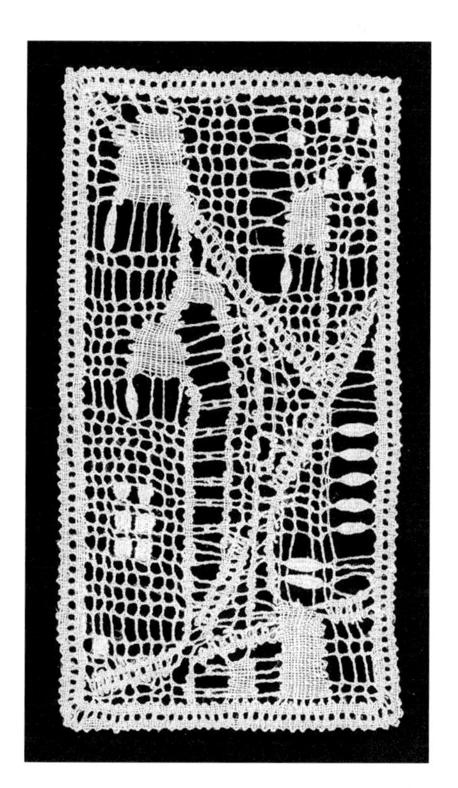

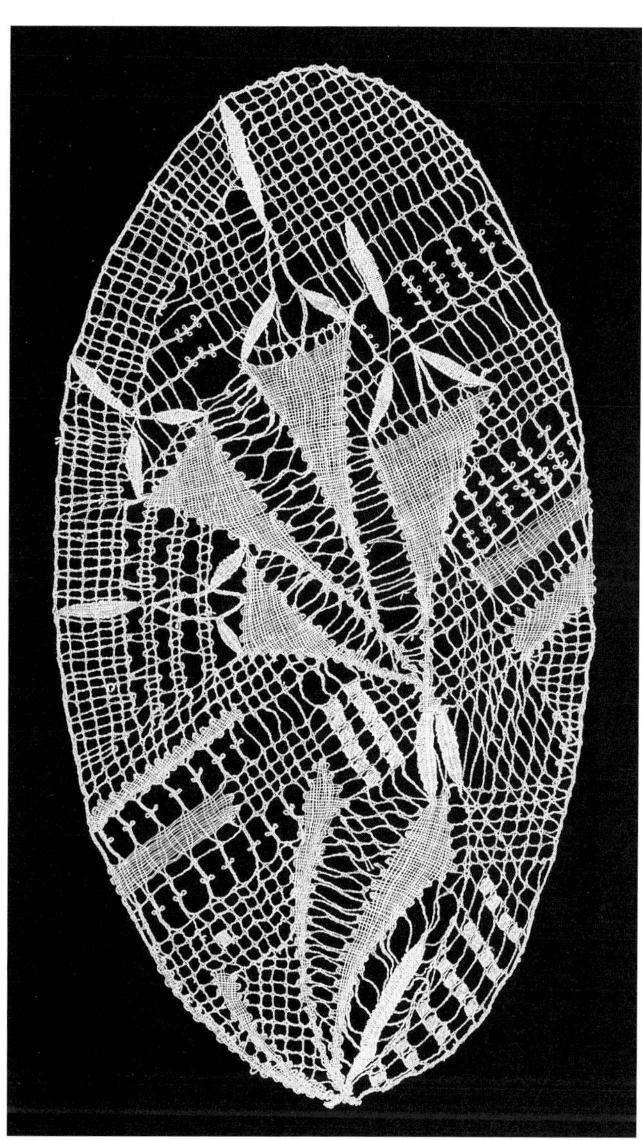

Rechteckige
Decke
Entwurf 1923
18 × 10 cm
HMR, Inv.-Nr.
1994/635

Ovale Decke
Trompetenblüte
Entwurf
1920–1930
25 × 13 cm
Privatbesitz
Ähnliche Ausführung: Museum
Boymans-van
Beuningen in
Rotterdam

Quadratische
Decke
Entwurf 1925
28 × 29 cm
Deutscher
Klöppelverband e.V.
Weitere
Ausführung:
Museum Boymans-
van Beuningen in
Rotterdam

Die Spitze
des Museums
Boymans-van
Beuningen wurde
im Jahre 1980 von
Lia Baumeister-
Jonker mit gering-
fügigen Änderun-
gen ausgeführt.

Quadratische Decke
Abstrakte Landschaft
Entwurf 1924
26 × 26 cm
The Museum of Modern Art New York

Kragen
Entwurf
1920–1930
4 cm breit
Privatbesitz

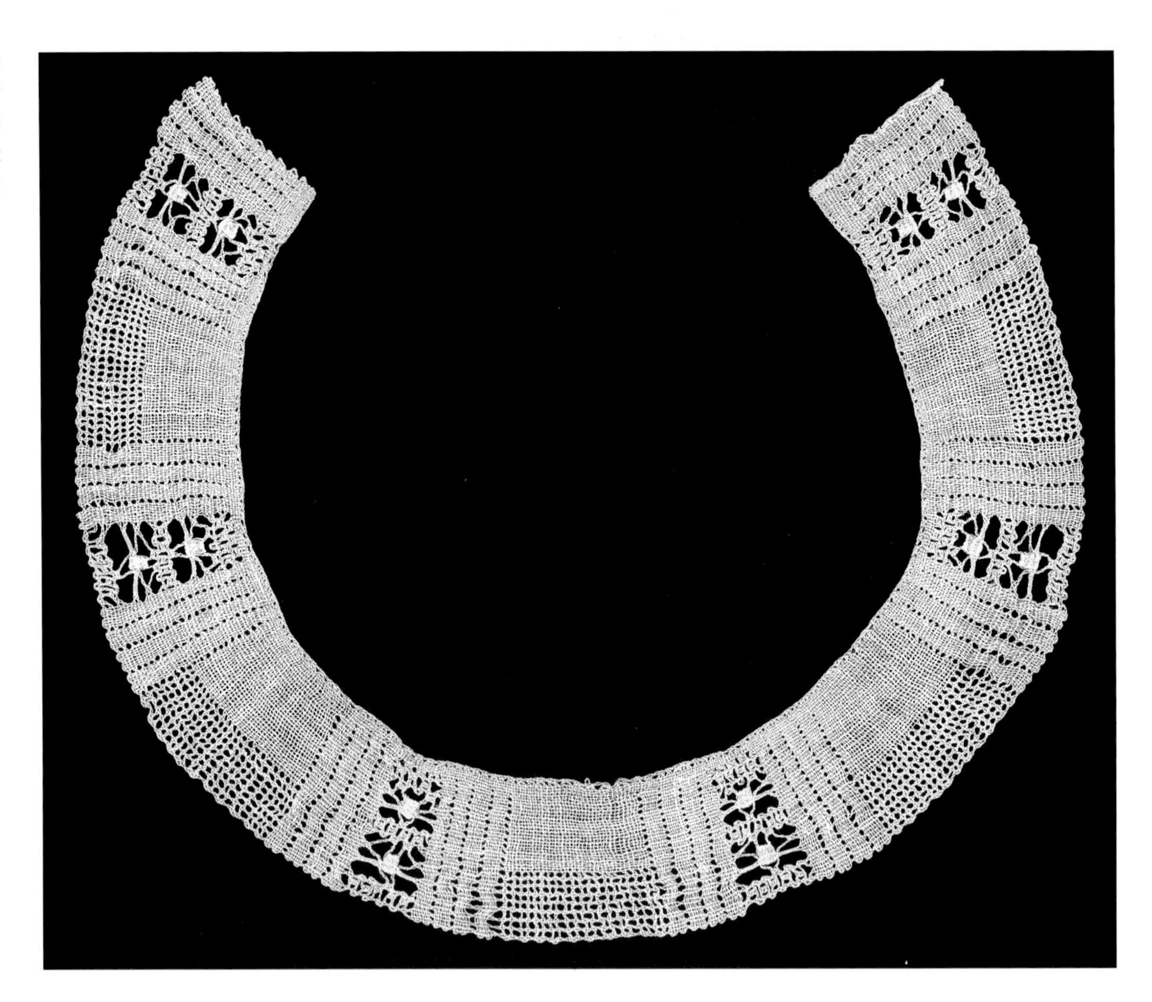

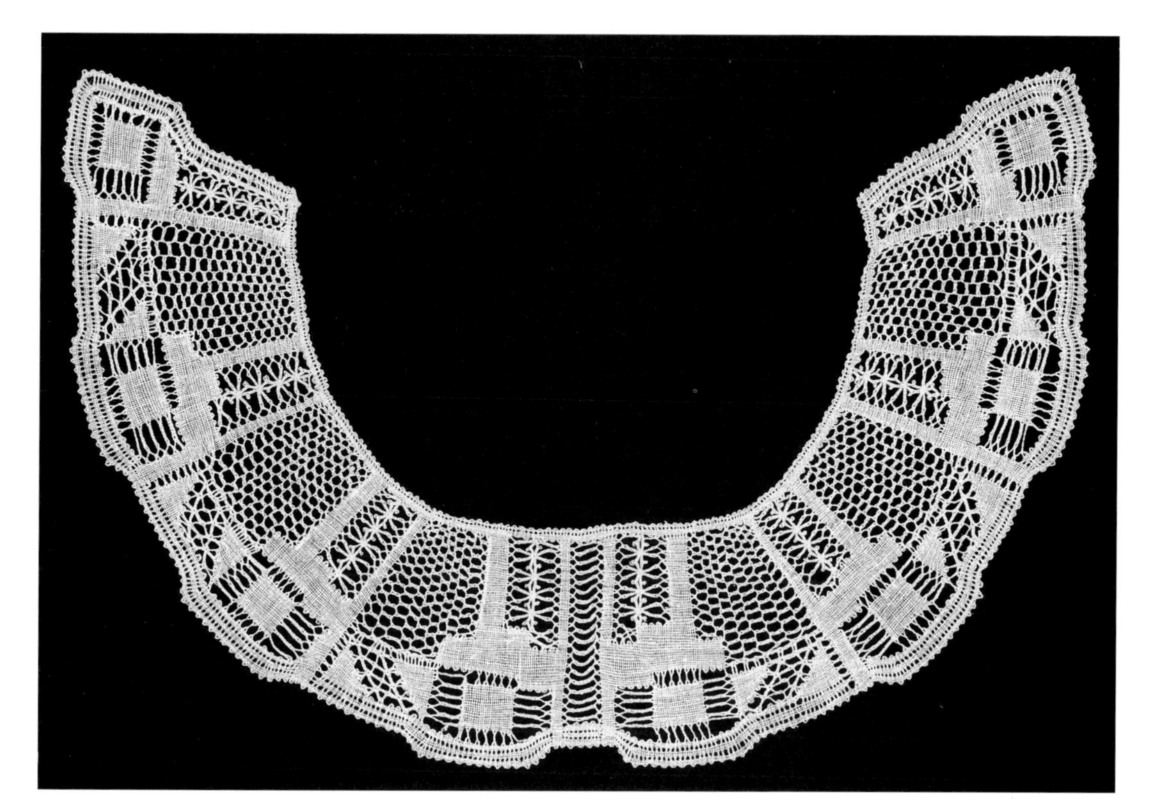

Kragen
Entwurf um 1925
9 cm breit
Privatbesitz

Rechteckige
Decke
Entwurf um 1926
21 × 40 cm
Museum für
Angewandte
Kunst Köln

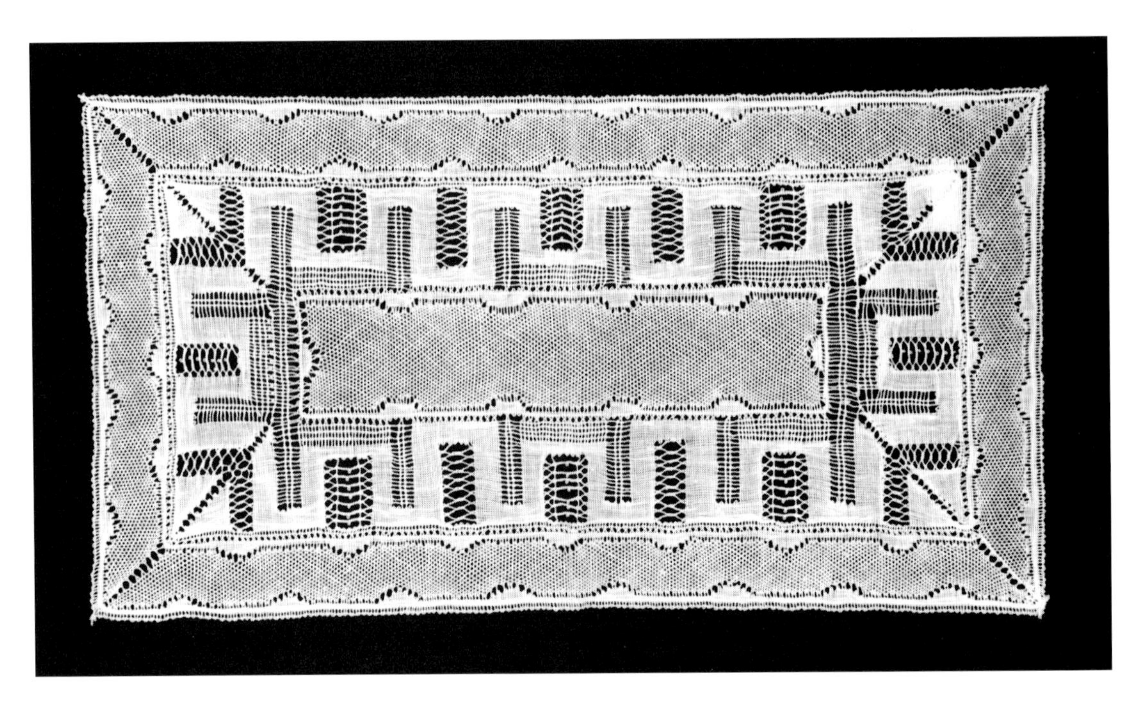

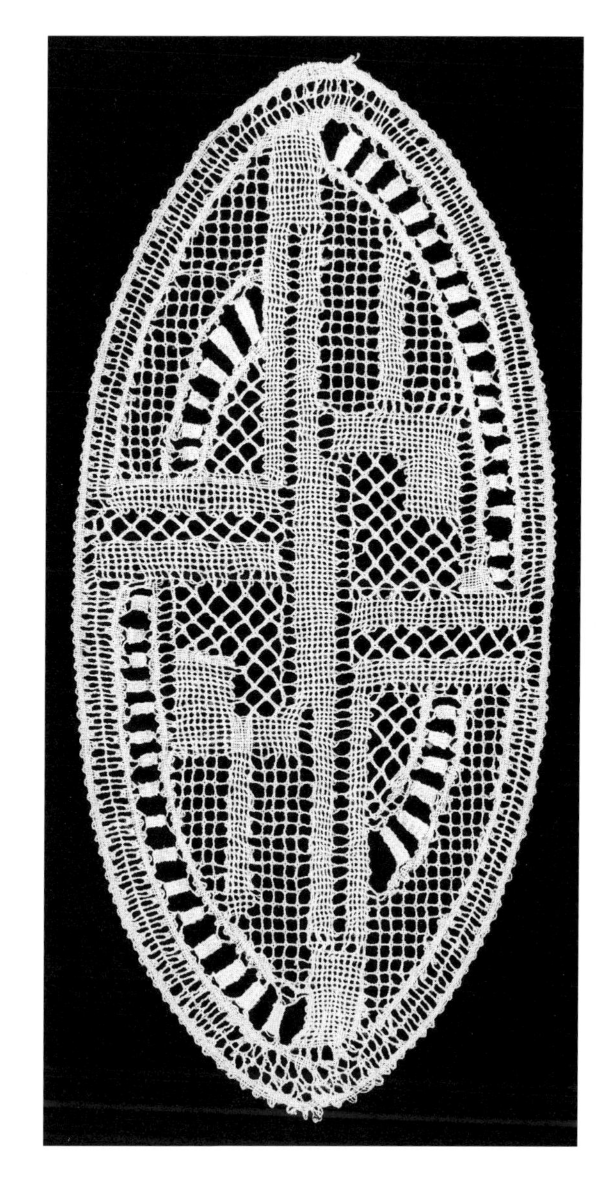

Ovale Decke
Madagaskar
Entwurf um 1925
32 × 15 cm
Privatbesitz

Quadratische
Decke mit
Spitzenrand
Entwurf
1925–1930
33 × 33 cm
HMR, Inv.-Nr.
1994/646

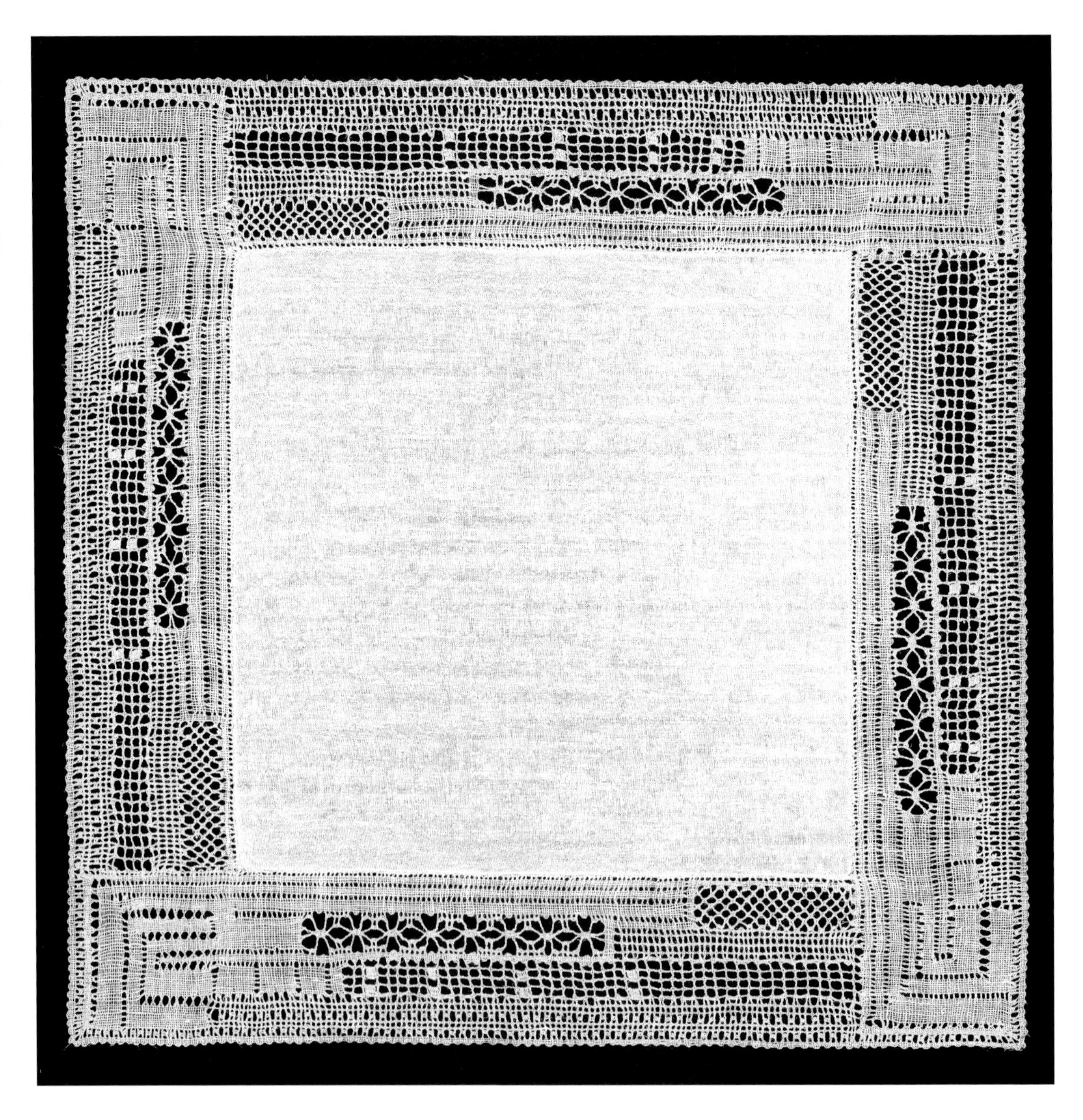

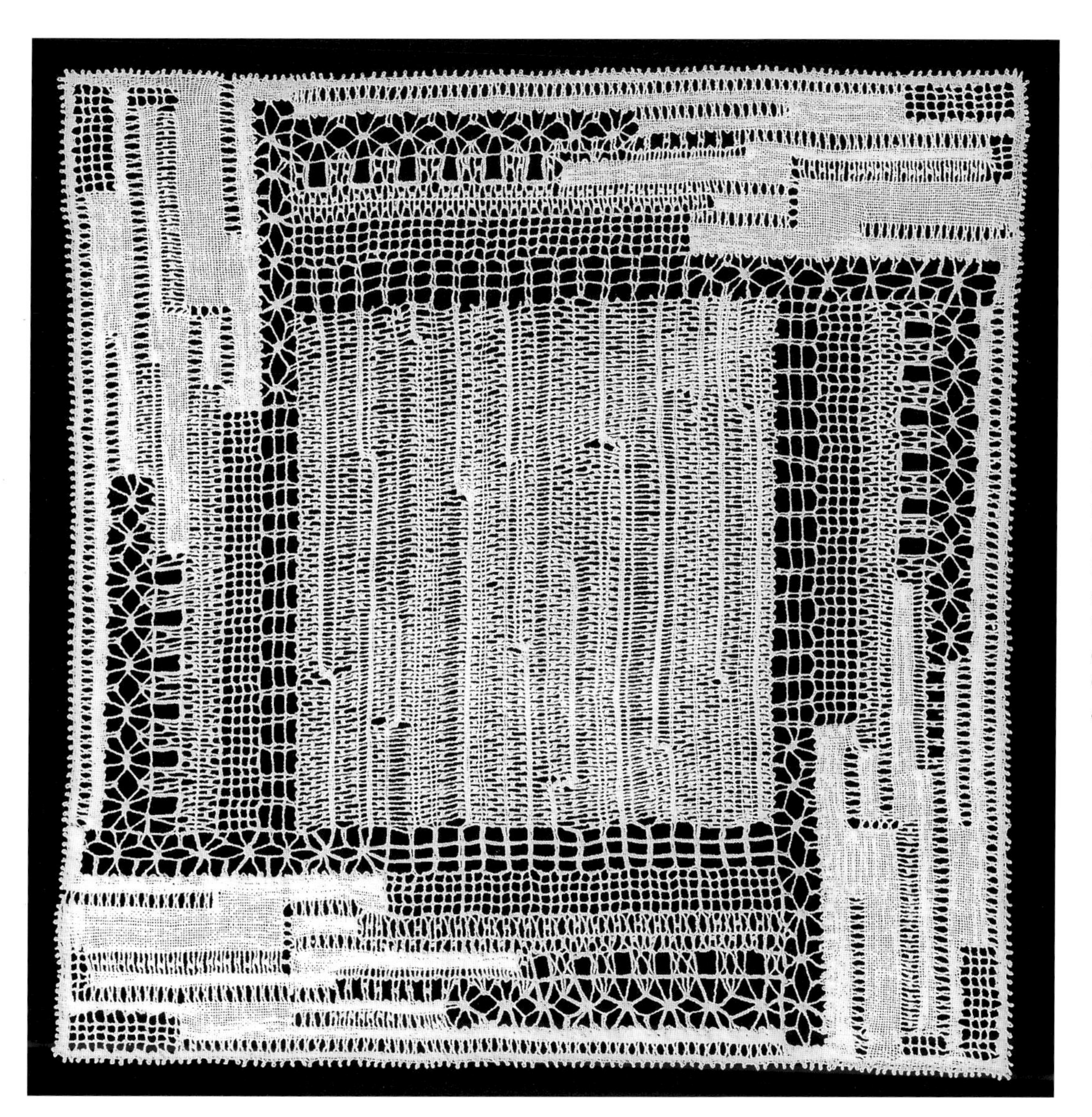

Quadratische
Decke
Barcelona
Entwurf 1927
47 × 45 cm
HMR, Inv.-Nr.
1994/656
Weitere
Ausführung:
Musées royaux
d'Art et d'Histoire
in Brüssel

Eine Decke
in gleicher
Ausführung
und den Maßen
60 × 60 cm wurde
bei der Weltaus-
stellung 1929 in
Barcelona mit
einer
Goldmedaille
ausgezeichnet.

Tischdecke
Entwurf
1925–1930
60 × 60 cm
Privatbesitz

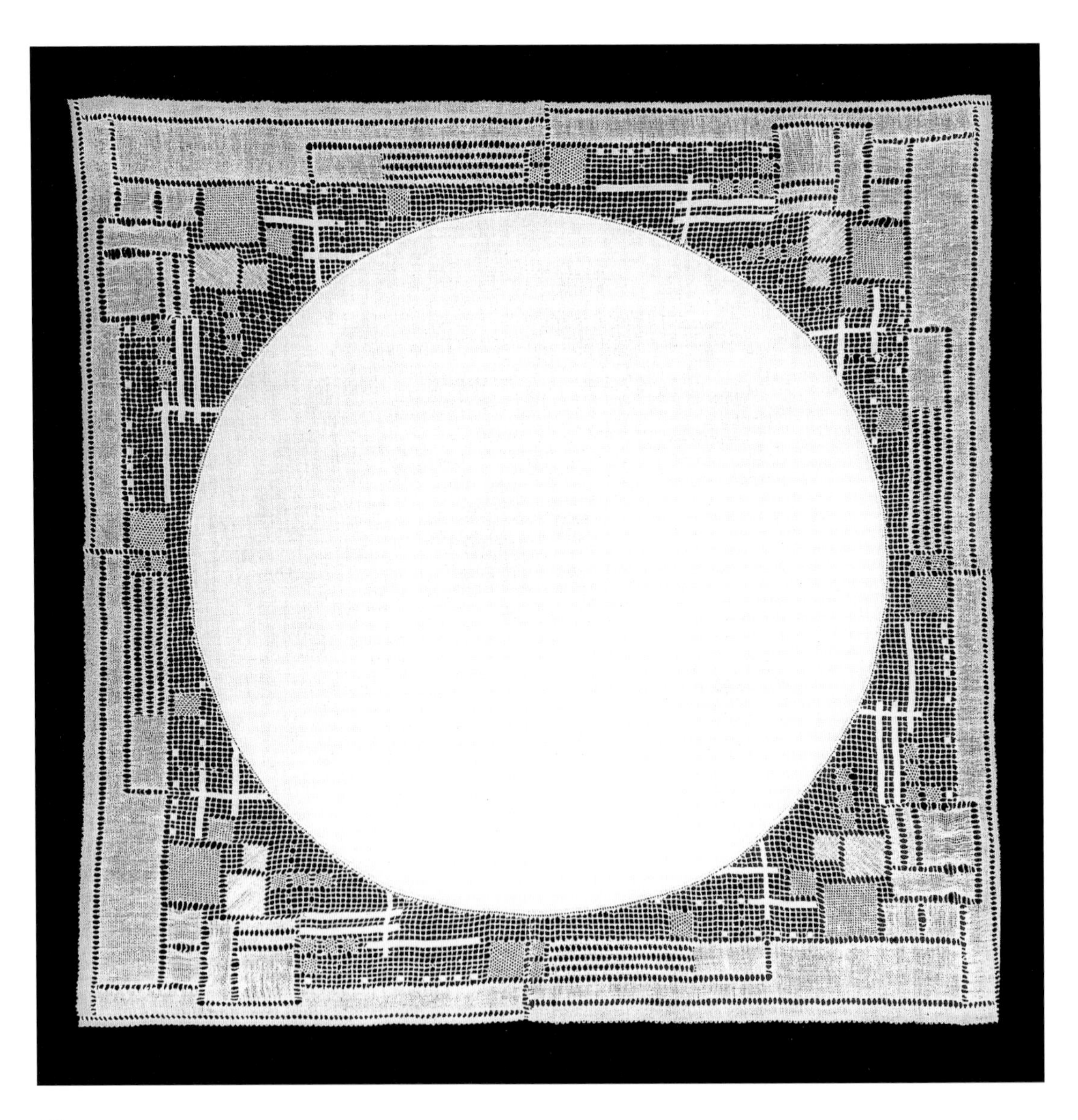

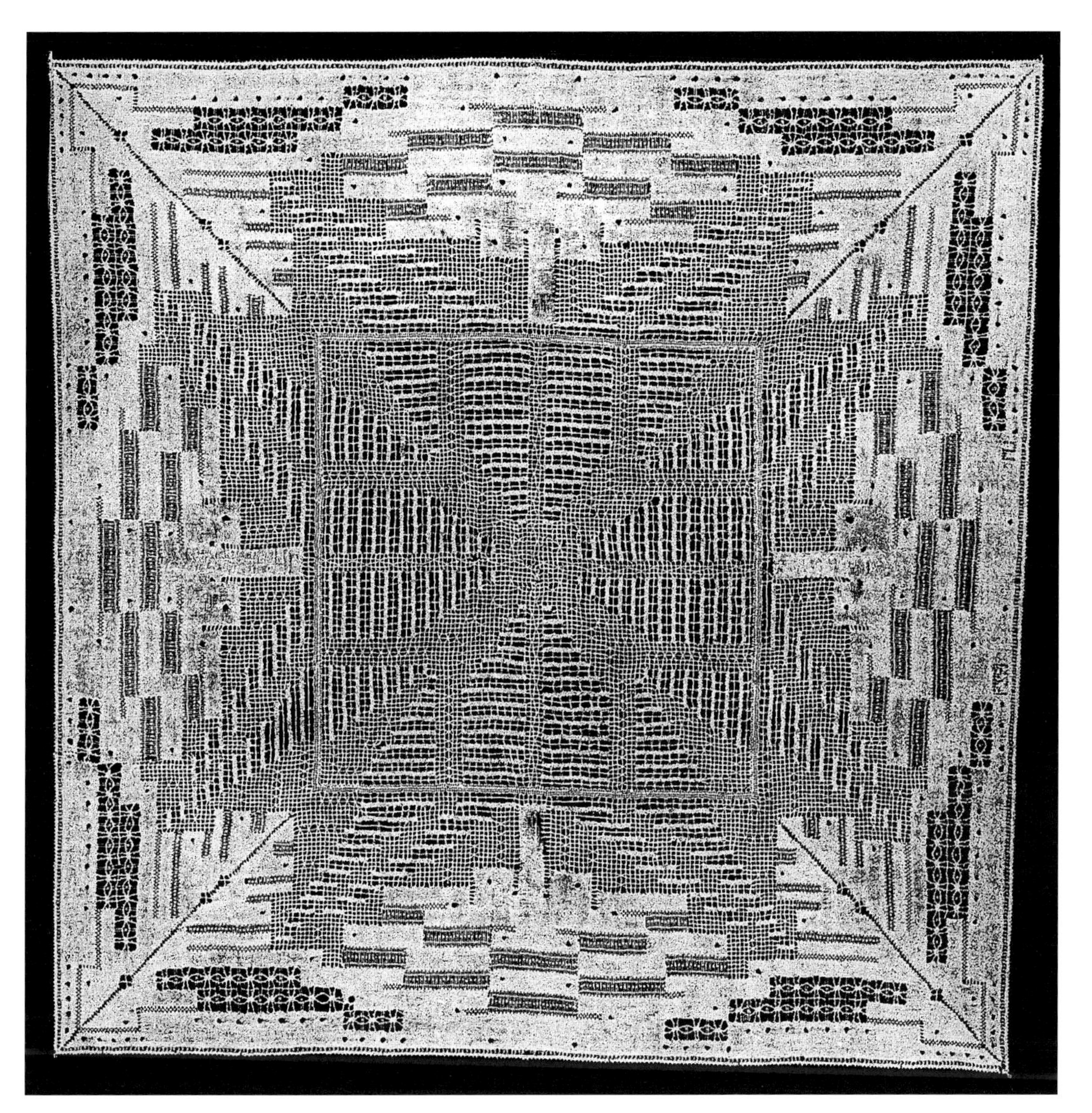

Tischdecke
Entwurf 1928
125 × 125 cm
Museum für
Kunst und
Gewerbe
Hamburg

Runde Decke
mit Spitzenrand
Entwurf um 1933
23 cm Ø
HMR, Inv.-Nr.
1994/651

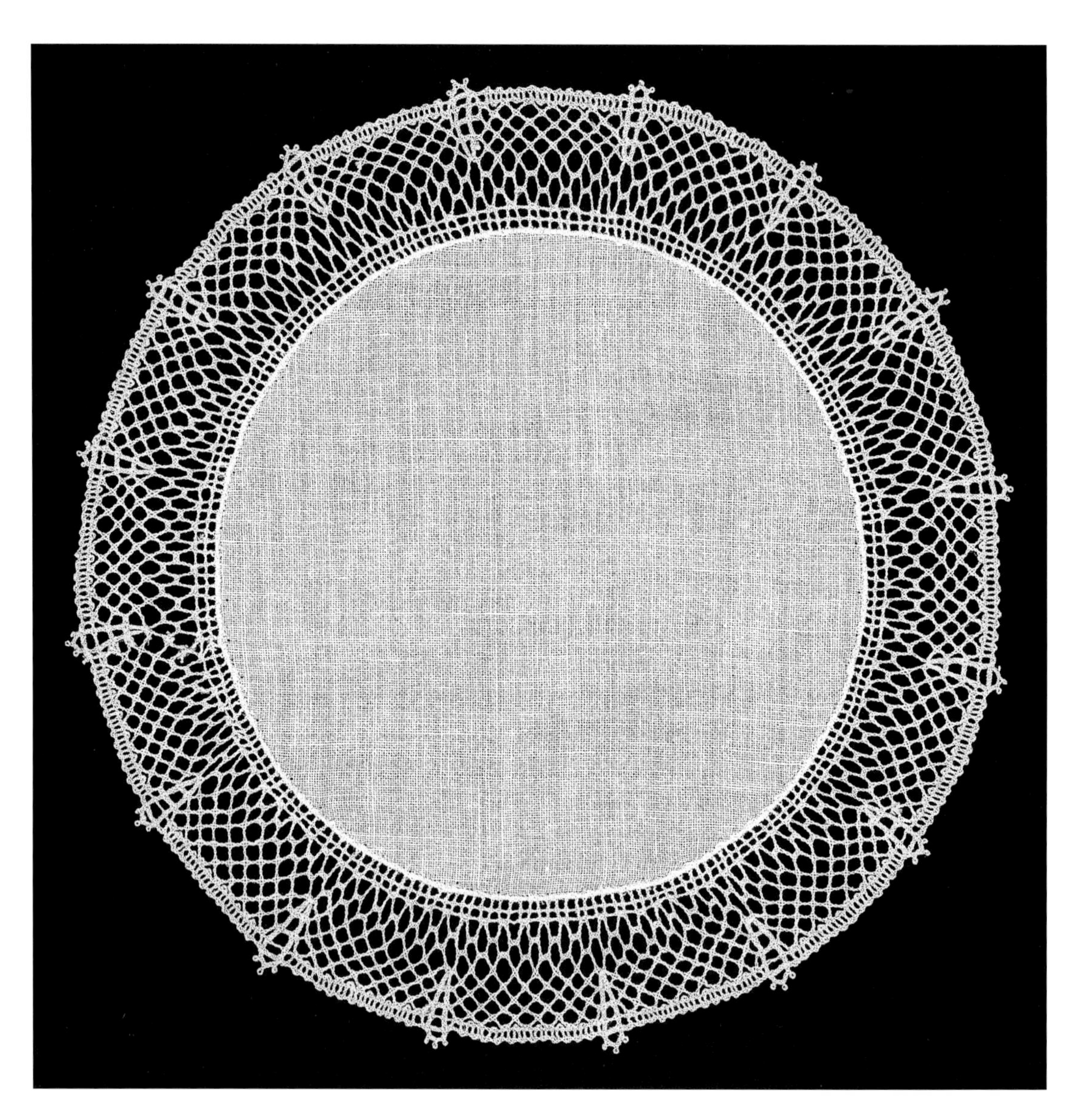

Fensterschmuck
Lebensbaum
Entwurf des Motivs „Lebensbaum“ um 1934
1947 ausgeführt
42 × 30 cm
HMR, Inv.-Nr. 1994/655

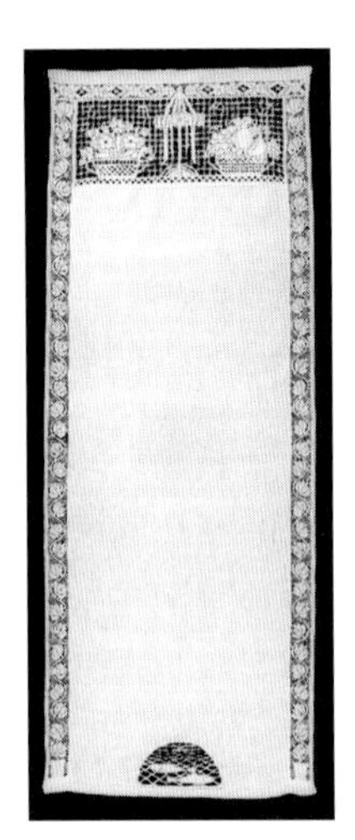

Türvorhang
Entwurf 1937
174 × 68 cm
Privatbesitz

Bei den Türvorhängen handelt es sich um eine Auftragsarbeit für ein Ehepaar. Der Vorhang mit dem Blumen- und Obstkorbmotiv war für die Ehefrau bestimmt. Die Initialien „EM“ sowie das Sternkreiszeichen der Fische sind in den Vorhang eingearbeitet. Dem Ehemann sind das Hirschmotiv, die Runen und das Sternkreiszeichen des Widders zugeordnet.

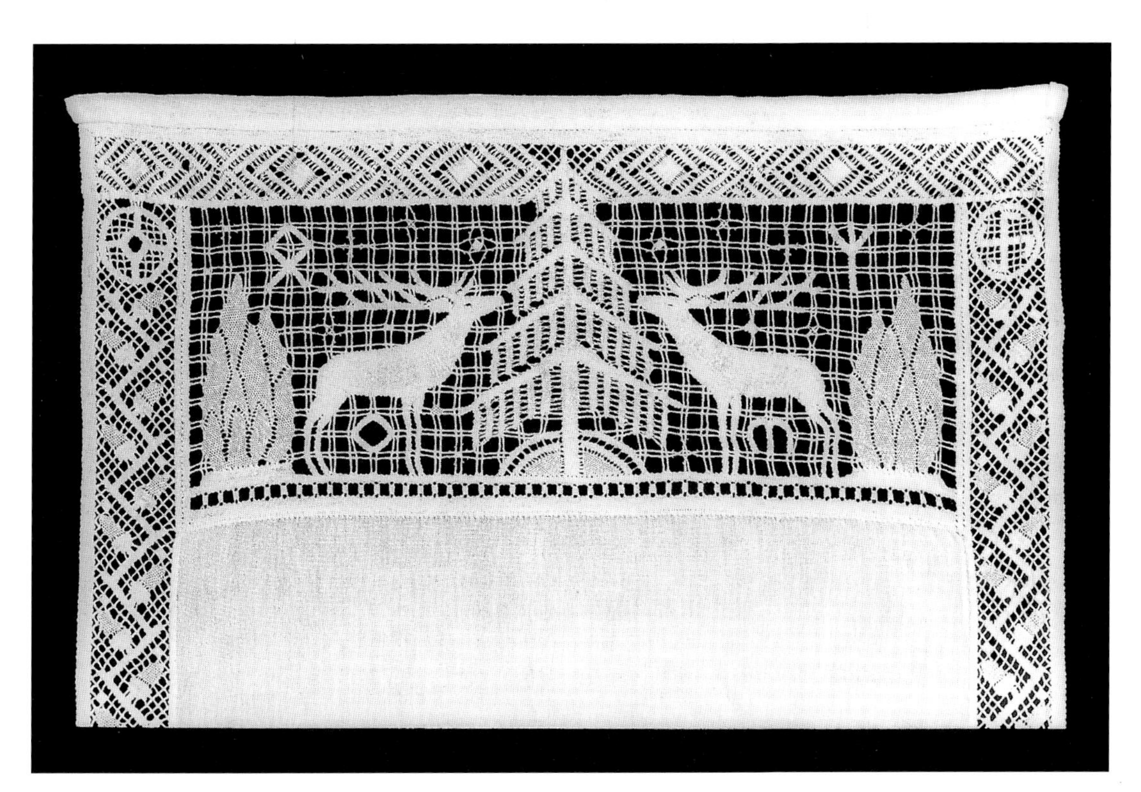

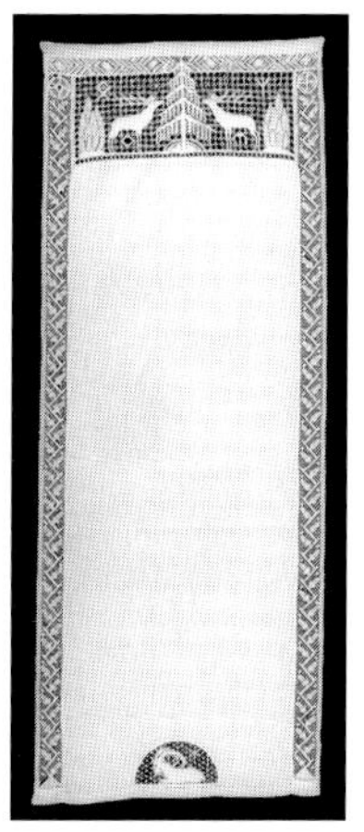

Türvorhang
Entwurf 1937
172 × 66 cm
Privatbesitz

Tischläufer
Entwurf 1961
47 × 99 cm
Württembergisches
Landesmuseum
Stuttgart

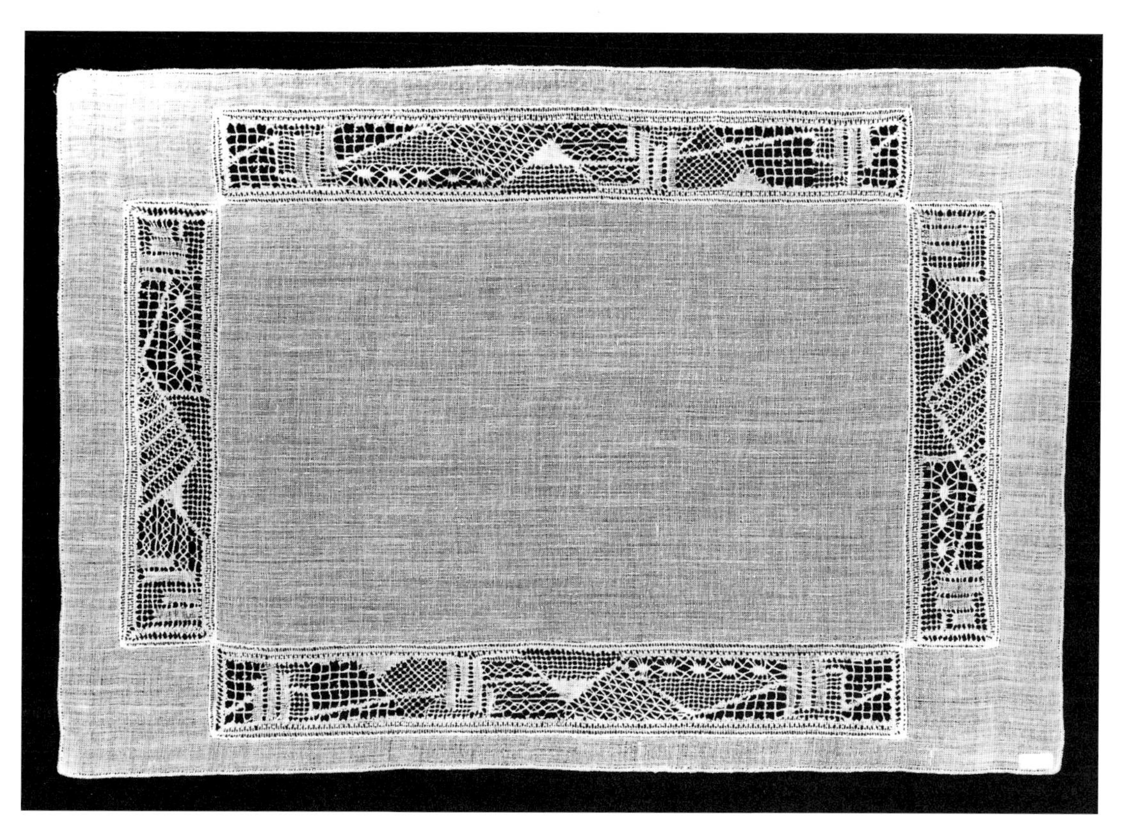

Rechteckige
Decke
Wetterleuchten
Entwurf 1944
von Rosa Herold
1976 ausgeführt
39 × 48 cm
Württem-
bergisches
Landesmuseum
Stuttgart

Für die Decke „Wetterleuchten“ erhielt Leni Matthaei im Jahre 1965 anteilig den Staatspreis Baden-Württemberg.

Rechteckige
Decke
Entwurf 1963
33 × 49 cm
Privatbesitz

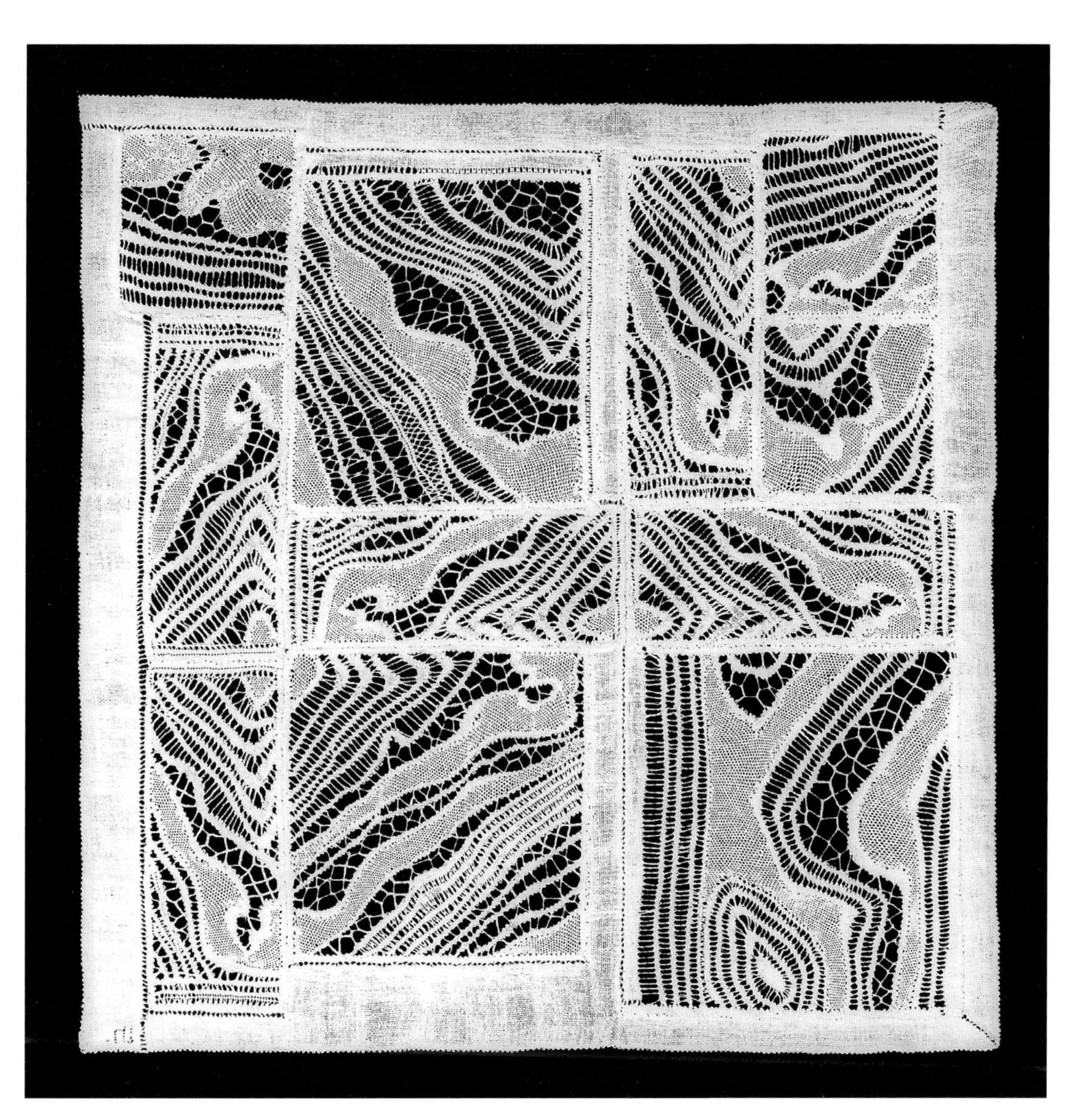

Quadratische Decke
Leben
Entwurf 1962
54 × 53 cm
HMR, Inv.-Nr. 1964/16

Dem Motiv „Leben" liegt das Muster einer Holzmaserung zugrunde. Die Holzstrukturen symbolisierten für Leni Matthaei ihren Lebensweg, der sich für sie erst im Rückblick zu einem harmonischen Ganzen fügte.

Tischläufer
Strom 1
Entwurf 1965
45 × 103 cm
HMR, Inv.-Nr.
1994/634
Weitere
Ausführung:
Musées royaux
d'Art et d'Histoire
in Brüssel

Der Tischläufer
wurde 1967 mit
dem Staatspreis
der Bayerischen
Staatsregierung
ausgezeichnet.

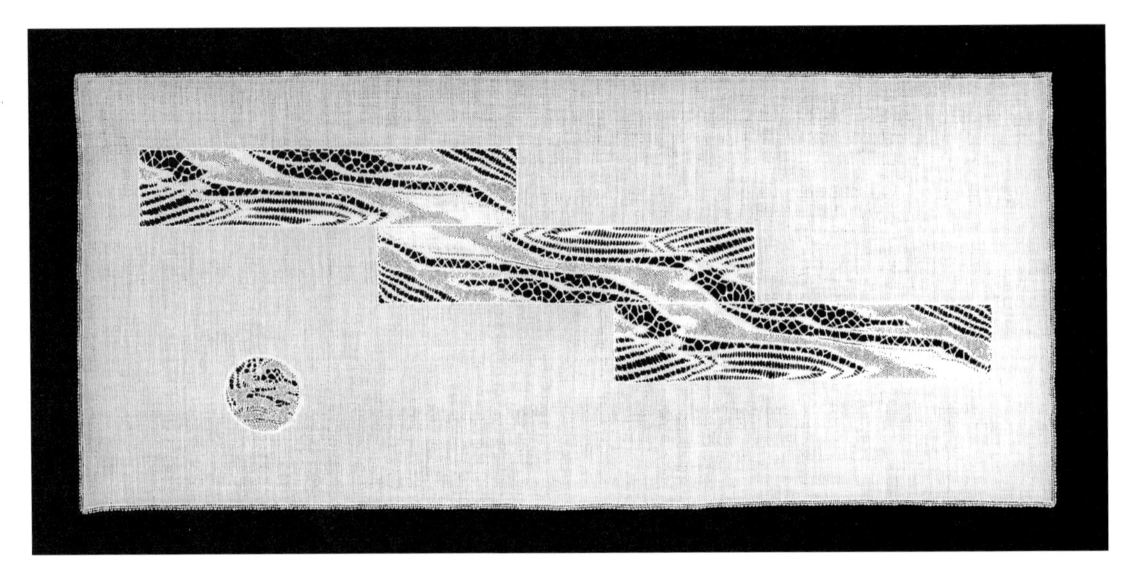

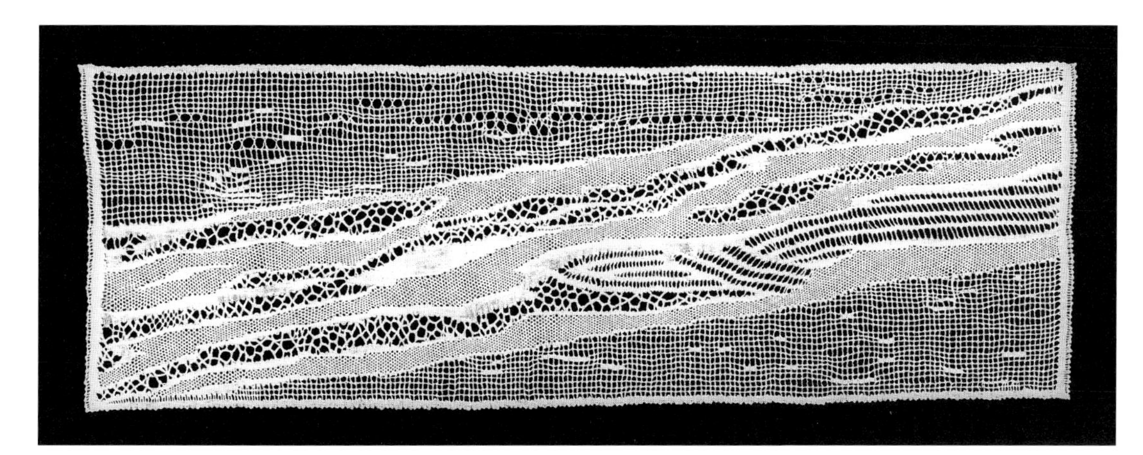

Tischläufer
Strom 2
Entwurf 1970
29 × 89 cm
HMR, Inv.-Nr.
1994/632

Der Tischläufer wurde 1972 mit dem Staatspreis Baden-Württemberg ausgezeichnet.

Runde Decke
Ginkgo
Entwurf des
Motivs „Ginkgo"
um 1961
um 1973
ausgeführt
62 cm Ø
HMR, Inv.-Nr.
1994/654

Quadratische
Decke
Ginkgo
Entwurf des
Motivs „Ginkgo"
um 1961
vermutlich 1976
ausgeführt
92 × 92 cm
Württem-
bergisches
Landesmuseum
Stuttgart

Quadratische Decke
Costa Rica
Entwurf um 1975
25 × 25 cm
HMR, Inv.-Nr. 1994/648

Vom Motiv „Costa Rica“ fertigte Leni Matthaei mehrere leicht variierende Entwürfe. Ähnliche Ausführungen: HMR, Inv.-Nr. 1994/642 und 1994/647 sowie Württembergisches Landesmuseum Stuttgart.

Quadratische
Decke
Ursprung
Entwurf 1977
von Rosa Herold
ausgeführt
20 × 19 cm
HMR, Inv.-Nr.
1994/636
Weitere
Ausführung:
Deutscher
Klöppelverband e.V.

Entwurfs-
zeichnung
Tropen
Bleistiftzeichnung
auf Pergament
1977
41 × 24 cm
Privatbesitz

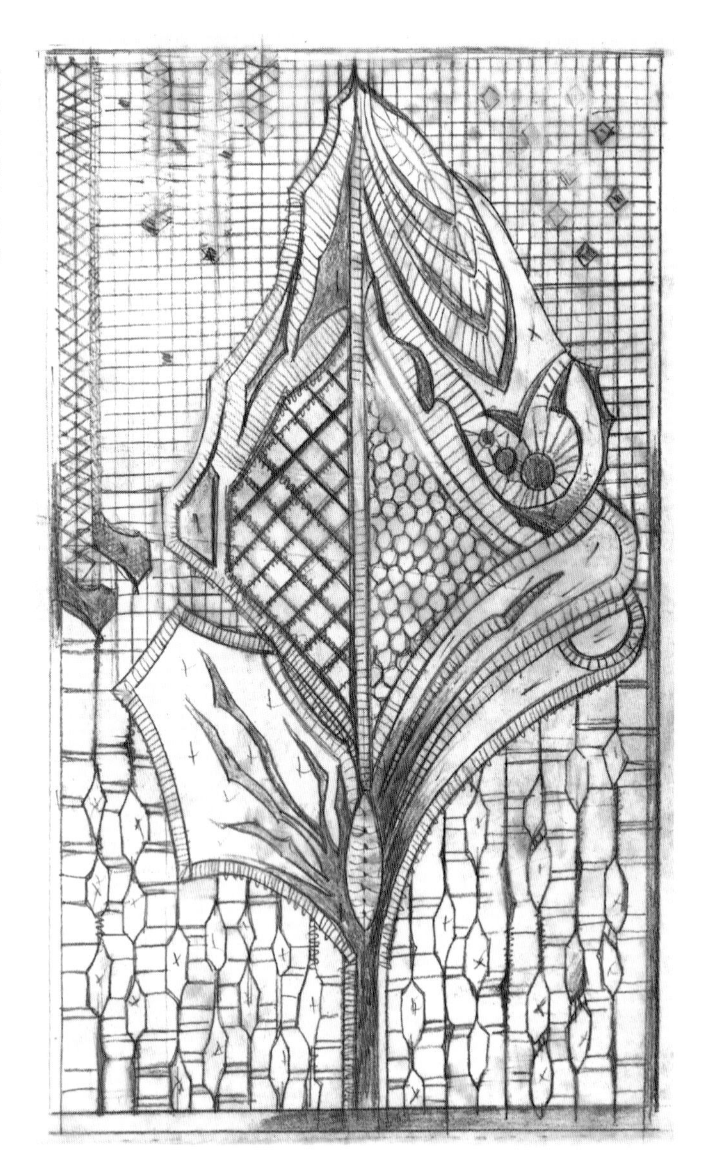

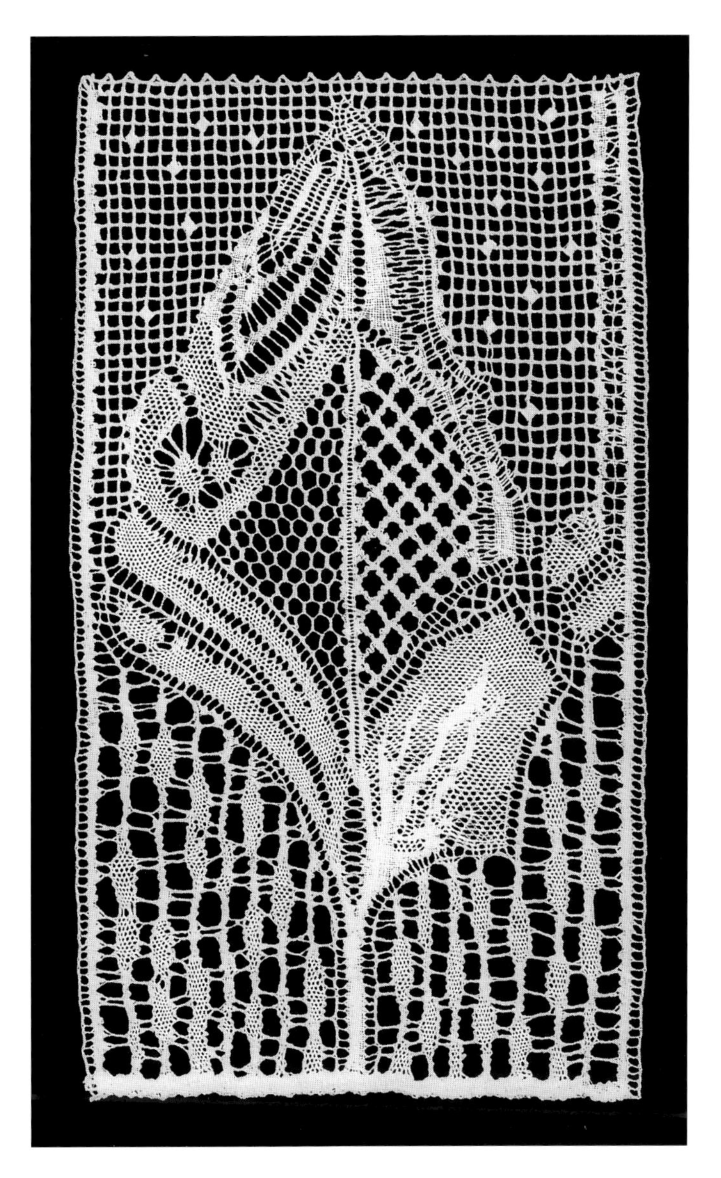

Rechteckige
Decke
Tropen
Entwurf 1977
41 × 25 cm
HMR, Inv.-Nr.
1994/640
Weitere
Ausführungen:
Museum für
Angewandte
Kunst Köln
Rijksmuseum
Amsterdam

Für die Klöppel-
arbeit wurden
ungefähr 90
Klöppelpaare
benötigt.

Rechteckige
Decke
Zweisamkeit
Entwurf 1976/77
68 × 36 cm
HMR, Inv.-Nr.
1994/633

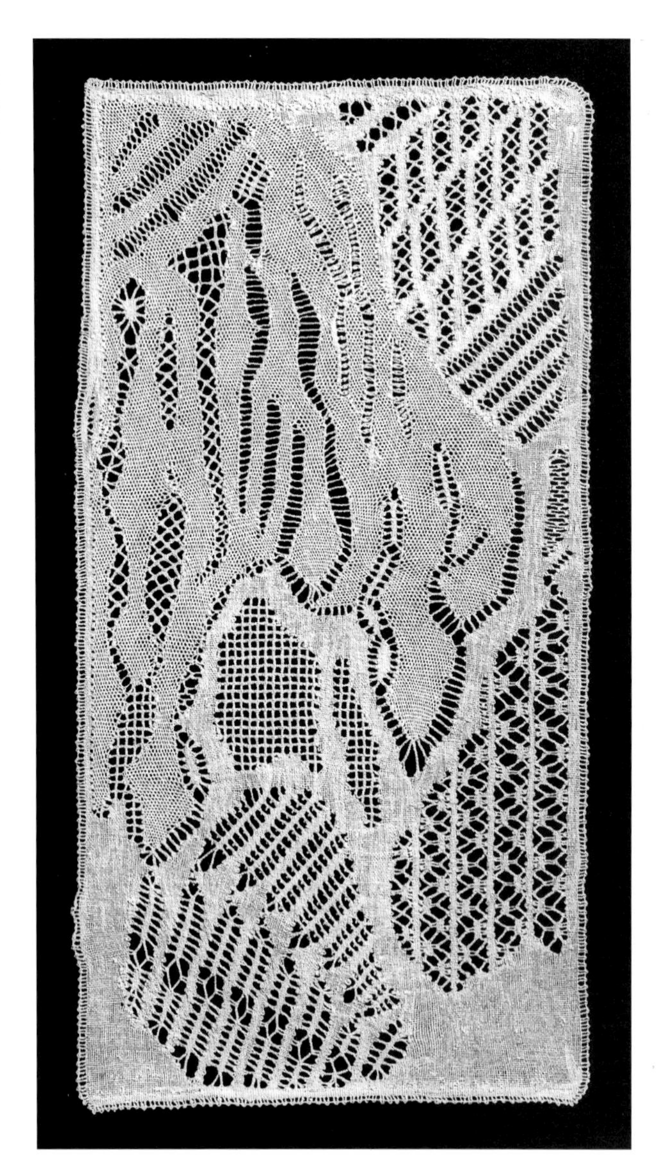

Rechteckige
Decke
Firmament
Leni Matthaei
und Gerhard
Fischer
Entwurf 1977
28 × 47 cm
HMR, Inv.-Nr.
1994/645

Neben der Signatur von Leni Matthaei ist auch jene ihres Arztes Dr. Gerhard Fischer aufgenommen, mit dem sie zusammen diese Decke entwarf.

Biografie

1873	Helene Anna Dorothea Matthaei, geboren am 2. Juni in Stade bei Hamburg als zweites Kind des Ehepaares Robert Matthaei und Henriette Klopp. Der Vater war Gymnasiallehrer für Altphilologie.
1878	Höhere Töchterschule in Clausthal/Harz
1884	Tod des Vaters Umzug der Mutter mit den vier Kindern nach Hannover
1885	Höhere Töchterschule in Hannover
1888	Abendkurs in Kunstgeschichte bei Professor Leisching (Wien) im Leibniz-Haus in Hannover
1889/90	zwölfmonatiger Aufenthalt bei der Schwester der Mutter in Leer (Ostfriesland)
1892/93	neunmonatiger Aufenthalt bei Familie Hill in London-West, Queensgate, im Austausch mit dem Sohn der englischen Familie
1893	Besuch des Kunstgewerblichen Unterrichts für Frauen und Mädchen in Hannover Abendunterricht bei Ernst Jordan und Harald Friedrich
1894/96	Aufenthalt in San José in Costa Rica auf Einladung der dort verheirateten Schulfreundin Grete Ey
1896/99	Besuch des Kunstgewerblichen Unterrichts für Frauen und Mädchen in Hannover Abendunterricht bei Ernst Jordan und Harald Friedrich
1900/03	mehrjähriger Privatunterricht im Malen und Entwerfen bei Otto Hamel (Kunstgewerbeschule Hannover) erste Entwürfe für Tapeten, Damaststoffe, Wachstücher und Maschinentüll
1905	erste Mustertafeln für Klöppelspitzen

1906	erste Veröffentlichung in der Zeitschrift „Deutsche Kunst und Dekoration“
1907	viermonatiges Privatstudium bei Madame Marguerite Charles, Direktorin der Ecole des Dentelles et Broderie in Paris
1914	Aufnahme in den Deutschen Werkbund
1914–16	Einsatz im Nationalen Frauendienst
ab 1919	Zusammenarbeit mit den Spitzenschulen in Wolkenstein, Steinbach und Großrückerswalde (Erzgebirge)
1919–21	Unterricht im Aktzeichnen an der Kunstgewerbeschule Hannover bei Fritz Burger
1921	Unterricht in Kompositionslehre an der Kunstgewerbeschule Hannover
1924–30	Vorstandsmitglied im Kunstgewerbeverein Hannover
ab 1927	Mitglied der GEDOK Hannover
1943	Bombenangriff auf Hannover, Verlust der Wohnung und der Werkstatt mit umfangreichem Studienmaterial und Klöppelbriefen
1944	Umzug nach Reutlingen, für ein Jahr Unterkunft bei Familie Hermann Klopp
ab 1951	Wohnung in der Karlstraße 34/2 in Reutlingen
1951	Gründung der GEDOK Reutlingen, gemeinsam mit Frau Ellen Hoffmann von der GEDOK Stuttgart
1954	Interview im Südwestfunk
1961	Ende der Zusammenarbeit mit den erzgebirgischen Klöpplerinnen nach dem Mauerbau
1961	Übernahme einer Zusammenstellung von Kunstschutzmustern durch das Museum für Kunst und Gewerbe Hamburg
1969	ZDF-Sendung „Mosaik – 96jährige Textilgestalterin“ am 31. Dezember
1973	100. Geburtstag
1975	ärztliche Betreuung durch Dr. Gerhard Fischer
1978	Interview im Südfunk Stuttgart
1979–81	älteste Einwohnerin von Baden-Württemberg
1981	gestorben am 24. Januar

Auszeichnungen und Ehrungen

1911	Erster Preis für geklöppelte Taschentuchkante, verliehen von der Handelskammer Eger
1911	Erster Preis bei einem Wettbewerb für Spitzen der Firma Polich in Leipzig
1914	Gold- und Silbermedaille bei der Weltausstellung in Gent
1914	Bronzemedaille bei der Weltausstellung „Buchgewerbe und Graphik" in Leipzig
1929	Goldmedaille bei der Weltausstellung in Barcelona
1933	Goldmedaille bei der Nationalen Wanderausstellung „Deutsche Wertarbeit" in Hannover
1952	Ehrenmitglied des Verbands der Gemeinschaften der Künstlerinnen und Kunstfreunde e.V. (GEDOK)
1955	Ehrenmitglied der GEDOK Reutlingen
1959	Urkunde für Beteiligung und vorbildliche Leistungen anläßlich der internationalen Spitzenausstellung „Schönheit der Klöppelspitze" in Chemnitz
1961	Medaille zur 400-Jahr-Ausstellung in Annaberg-Buchholz (Erzgebirge)
1963	Verdienstkreuz am Bande des Verdienstordens der Bundesrepublik Deutschland
1965	Staatspreis Baden-Württemberg
	Ehrenmitglied der GEDOK Hannover
1967	Staatspreis der Bayerischen Staatsregierung
1969	Ehrenmitglied des Bundes der Kunsthandwerker Baden-Württemberg e.V.
	Ehrenmitglied der Justus-Brinckmann-Gesellschaft Hamburg
1972	Staatspreis Baden-Württemberg
1973	Ehrenmitglied des Heimatbundes Niedersachsen e.V.
	Ehrungen zum 100. Geburtstag: Goldene Medaille der Stadt Reutlingen
	Ehrengabe der Stadt Hannover und Goldene „Ginkgonadel" der GEDOK Hannover

Ausstellungen

1903	Fächerausstellung (Margarete Erler) in Berlin
1910	Ausstellung in Bremen
1911	Ausstellung der Handwerkskammer in Eger
	Spitzenausstellung des Deutschen Frauenklubs im Deutschen Lyceumsklub in Hamburg
	Ausstellung „Neue Spitzen" im Grassimuseum, Museum für Kunsthandwerk in Leipzig
1914	Kunstgewerbeausstellung des Deutschen Werkbundes in Köln
	Weltausstellung in Gent
	Weltausstellung für Buchgewerbe und Graphik in Leipzig
1915	Ausstellung in der Kunst- und Gewerbehalle in Hannover
1916/17	Spitzenausstellung im Königlichen Landesgewerbemuseum in Stuttgart
1918	Oster-Mustermesse in Leipzig
1920–38	jährliche Einzelausstellungen
	Teilnahme an den Grassimessen in Leipzig
ab 1927	regelmäßige Teilnahme an Ausstellungen der GEDOK
1929	Weltausstellung in Barcelona
1933	Nationale Wanderausstellung „Deutsche Wertarbeit" in Hannover
1954	Weltausstellung „Dentelles anciennes et modernes" in Brügge
1959	Internationale Spitzenausstellung „Schönheit der Klöppelspitze" in Chemnitz
1960	Jahresschau „Kunsthandwerk aus Baden-Württemberg" in Heilbronn

1961	Jahresschau „Kunsthandwerk aus Baden-Württemberg" in Pforzheim Ausstellung zum 400jährigen Bestehen der Erzgebirgischen Spitzenklöppelei in Annaberg-Buchholz (Erzgebirge) Einzelausstellung im Museum für Kunst und Gewerbe in Hamburg
1963	Ausstellung „Internationales Kunsthandwerk" des Landesgewerbeamtes Baden-Württemberg in Stuttgart
1965	Ausstellung „Baden-Württembergisches Kunsthandwerk" in Karlsruhe
1966	Ausstellung „Kunst im Handwerk" im Rathaus Reutlingen
1967	Sonderausstellung bei der „Handwerksform" in Hannover Ausstellung „Internationale Handwerkermesse" in München
1968	Ausstellung „Textile Kostbarkeiten" des Auswärtigen Amtes Bonn
1970	Einzelausstellung „Leni Matthaei – Neue deutsche Spitzenkunst" im Bomann-Museum in Celle
1972	Ausstellung „Baden-Württembergisches Kunsthandwerk" in Konstanz
1974	Sonderausstellung „Deutsches Kunsthandwerk", World Crafts Council in Toronto
1976	Sonderausstellung „Schaufenster des Monats Februar" des Landesgewerbeamtes Baden-Württemberg Ausstellung „Baden-Württembergisches Kunsthandwerk" in Bruchsal Ausstellung in Australien
1977	Musterschau „Textile Kostbarkeiten" im Landesgewerbeamt Baden-Württemberg Einzelausstellung im Museum Boymans-van Beuningen in Rotterdam Ausstellung im Nederlands Textielmuseum in Tilburg Ausstellung in Enschede
1978	Ausstellung „Das beste Stück" im Landesgewerbeamt Baden-Württemberg in Stuttgart Ausstellung „Zeitgenössisches deutsches und britisches Kunsthandwerk" Ausstellung „Baden-Württembergisches Kunsthandwerk" in Schwäbisch Gmünd
1981	Gedächtnisschau im Heimatmuseum Reutlingen
1990	Ausstellung auf dem Kongreß der OIDFA (Internationaler Klöppelverband) in Frankfurt
1995	Einzelausstellung des Deutschen Klöppelverbandes im Museum für bergmännische Volkskunst in Schneeberg

Literaturliste (chronologisch)

Kunst-Stickereien. Ergebnis unseres redaktionellen Wettbewerbes. In: Deutsche Kunst und Dekoration. Illustrierte Monatshefte für moderne Malerei, Plastik, Architektur, Wohnungskunst und künstlerisches Frauenschaffen, 16 (1905), S. 757.

Bordüre für feines Leinenzeug und Blusen. Von Leni Matthaei – Hannover. In: Kunstgewerbe für's Haus, (1906), Heft 11, S. 301.

R., D.: Neue Formen für Klöppel-Spitzen. In: Deutsche Kunst und Dekoration, 19 (1906/1907), S. 229f.

Tapisserie-, Spitzen- und Posamenten-Zeitung, 7 (1906/1907), S. 6.

Spitzen-Mappe. Motiv-Quelle für die Spitzen- und Stickerei-Industrie. 3 Bde. Plauen um 1907.

Deutsche Kunst und Dekoration, 21 (1907/1908), S. 270f.

Tapisserie-, Spitzen- und Posamenten-Zeitung, 8 (1907/1908), S. 109, 184.

Hempel, Albert: Neuzeitliche Klöppelspitzen. In: Textile Kunst und Industrie. Illustrierte Monatshefte für die künstlerischen Interessen der gesamten Textilindustrie, 1 (1908), S. 39–41.

Stickerei-Zeitung und Spitzen-Revue, 10 (1908/1909), S. 151, 202–204.

Stickerei-Zeitung und Spitzen-Revue, 11 (1910/1911), S. 197–199, 283.

Deutsche Kunst und Dekoration, 29 (1911/1912), S. 266.

Stickerei-Zeitung und Spitzen-Revue, 13 (1912/1913), S. 182.

Neue Klöppelspitzen von Leni Matthaei. In: Stickerei-Zeitung und Spitzen-Revue, 14 (1913/1914), S. 30–35, 64, 213.

Das Haus der Frau. Die Frau im Buchgewerbe und in der Graphik. Ausstellungskatalog der Sondergruppe der Weltausstellung für Buchgewerbe und Graphik. Leipzig 1914, S. 21.

Stickerei- und Spitzen-Rundschau: Das Blatt der Frau. Illustrierte Zeitschrift zur Förderung der Deutschen Stickerei- und Spitzen-Kunst. Zentralorgan für die Hebung der künstlerischen Frauenarbeit, 15 (1914/15), S. 124, 129.

Sehlen, Th. v.: Von der Entwicklung der neudeutschen Klöppelspitze von Leni Matthaei. In: Textile Kunst und Industrie, 8 (1915), S. 141–148.

Stickerei- und Spitzen-Rundschau, 16 (1915/16), S. 133f, 143, 150.

Schütte, Marie: Zu den Arbeiten von Leni Matthaei. In: Stickerei- und Spitzen-Rundschau, 17 (1916/17), S. 120–124.
Hirsch, Lina: Die Spitzenausstellung im Königlichen Landes-Gewerbemuseum in Stuttgart. In: Stickerei- und Spitzen-Rundschau, 17 (1916/17), S. 212–219.
Stickerei- und Spitzen-Rundschau, 18 (1918), S. 203.
Levin, Else: Spitzenarbeiten von Leni Matthaei. In: Textile Kunst und Industrie, 10 (1918/1919), S. 50–56.
Stickerei- und Spitzen-Rundschau, 19 (1918/19), S. 22–31, 115.
Matthaei, Leni: Mein Werdegang. In: Stickerei- und Spitzen-Rundschau, 20 (1920/21), S. 201–206.
Levin, Else: Handgeklöppelte Arbeiten von Leni Matthaei. In: Textile Kunst und Industrie, 12 (1921), S. 161–164.
Meyer, Karla: Klöppelspitzen von Leni Matthaei. In: Deutsche Frauenkleidung und Frauenkultur, (1927), S. 224–227.
Stickereien und Spitzen. Blätter für kunstliebende Frauen, 28 (1927/28), S. 117, 160, 192.
Matthaei, Leni: Über Klöppelspitzen. In: Stickereien und Spitzen, 29 (1928/29), S. 105–108.
Matthaei, Leni: Neue Klöppelspitzen. In: Stickereien und Spitzen, 30 (1929/30), S. 44f, 71, 81, 192.
Stickereien und Spitzen, 31 (1930/31), S. 135.
Stickereien und Spitzen, 32 (1931/32), S. 119.
Olbricht-Kewisch, Berta: Moderne Klöppelspitzen. In: Frau und Gegenwart vereinigt mit Neue Frauenkleidung und Frauenkultur. Zeitschrift für die gesamten Fraueninteressen, 25 (1929), S. 292f.
Straus-Ernst, Luise: Weibliches Kunstschaffen. Eine Ausstellung in Duisburg. In: Frau und Gegenwart vereinigt mit Neue Frauenkleidung und Frauenkultur, 27 (1931), S. 434f.
Wendte-Ottens, Thyra: Deutsche Spitzen beherrschen den Weltmarkt. In: Frau und Gegenwart vereinigt mit Neue Frauenkleidung und Frauenkultur, 27 (1931), S. 620.
Handarbeiten aller Art: Stickereien und Spitzen. Blätter für kunstliebende Frauen, 2 (1933/34), S. 83.
Ditfurth, Annemarie von: Deutsche Spitzenkunst. Hg. Bund Deutscher Kunsthandwerker. Berlin 1934.
Matthaei, Georg: Aus der Geschichte der niedersächsischen Familie Matthaei. Hamburg 1937, S. 49f.
Handarbeiten aller Art, 7 (1938/39), S. 149–152.
Böge-Boye, Johanna: Aus dem Lebenswerk der Spitzenkünstlerin Leni Matthaei. In: Kunst + Handwerk. Monatszeitschrift für angewandte und dekorative Kunst, (1958), Heft 6/7, S. 13–16.
Schönheit der Klöppelspitze. Ausstellungskatalog der Textil- und Kunstgewerbesammlung. Chemnitz (Karl-Marx-Stadt), 1959.
Knoefel, Erna: Schöpferin Deutscher Spitzenkunst – Leni Matthaei. Ausstellung im Museum für Kunst und Gewerbe, Hamburg. In: Kunst + Handwerk, 13 (1961), S. 12–17.
400 Jahre Spitzenklöppeln im Erzgebirge. Festschrift. Annaberg-Buchholz 13. bis 22. Mai 1961. Schneeberg 1961.
Leni Matthaei. Neue Deutsche Spitzenkunst. In: Werkkunst, 24 (1962), Heft 1.
Werkkunst, 28 (1966), Heft 1, S. 15.

Leni Matthaei am 2. Juni 1968, 95 Jahre alt. In: Frauenkultur. Erleben und Gestalten, 71 (1968), Heft 3, S. 19–21.
Die Deutsche Spitzenkünstlerin Leni Matthaei. In: Kunst + Handwerk, 14 (1970), S. 24–33.
Leni Matthaei – Neue deutsche Spitzenkunst. Ausstellungskatalog des Bomann-Museums Celle. Celle 1970.
Jaensch, Hildegard: Spitzenkunst in unserer Zeit. Leni Matthaei, ein Lebens- und Schaffensbild. In: Heimatland. Zeitschrift für Heimatkunde, Naturschutz und Kulturpflege. Heft 1, 20.2.1970.
Stöber, Regine: Klöppeln im 20. Jahrhundert. Unter besonderer Berücksichtigung von Leni Matthaei. Diplomarbeit. Unveröffentlichtes Manuskript. Hamburg 1971.
Böge-Boye, Johanna: Deutsche Spitzenkunst. Leni Matthaei. Staatspreis Baden-Württembergisches Kunsthandwerk 1972. In: Kunst + Handwerk, 16 (1972), September/Oktober, S. 3–6, 36.
Werkkunst, 35 (1973), Heft 1, Abb. 71.
Ferber, Elfriede: Immer an der Spitze. Leni Matthaei zum hundertsten Geburtstag. In: Stuttgarter Zeitung, 16.6.1973.
Böge-Boye, Johanna: Leni Matthaei. Neue Deutsche Spitzenkunst. In: Kunst + Handwerk, (1974), Heft 1/2, Sonderdruck.
Goldschmit, Werner: Leni Matthaei, die Begründerin der Neuen Deutschen Spitzenkunst. In: Textilkunst. Information für kreatives Gestalten, (1974), Heft 1, S. 5f.
Pfannenschmidt, Ernst-Erik: Spitzen. Neue Ausdrucksformen einer alten Technik. Beispiele aus dem 20. Jahrhundert. Ravensburg 1976, S. 13f, 72f, 98f, 160f.
Landesausstellung Baden-Württembergisches Kunsthandwerk 1976. Katalog zu der vom 29. Mai bis 12. September 1976 im Corps de Logis von Schloß Bruchsal gezeigten Landesausstellung. Stuttgart 1976.
Leni Matthaei. Studies, Ontwerpen, Kloskanten. Ausstellungskatalog des Museums Boymans-van Beuningen. Rotterdam 1977.
Nedele, Manfred: Ihr Weg war begleitet von steter Beharrlichkeit. Ein wohlgeordnetes Künstlerleben voller Gelassenheit und Humor. In: Stuttgarter Zeitung, 5.6.1978.
Kustermann, Peter: Einfach Spitze. Rüstig im 105. Lebensjahr: die Klöppelmeisterin Leni Matthaei. In: Stuttgarter Zeitung, 7.1.1978.
Matthaei, Leni: Neue Deutsche Spitzenkunst [Libelli pro Arte 9, Hg. Leo Leonhardt]. Konstanz 1979.
Olffen, Annelie van: De techniek van het kantklossen: traditionele en hedendaagse kloskant. Cantecleer 1979, S. 30–35.
Behr, Karin von: Schnecken und Schnee aus feinem Leinen. In: Die Welt, 7.7.1979.
Mühlensiepen, Inge: Leni Matthaei. Ein Leben für die Klöppelspitze. Hannover 1980.
Textilkunst. Information für kreatives Gestalten, (1981), Heft 1, S. 39.
Textilkunst. Information für kreatives Gestalten, (1984), Heft 2, S. 72.
Leni Matthaei. In: Informationsblatt. Hg. Deutscher Klöppelverband e.V., (1984), Nr. 3, S. 8f.
Benneyan, Renate: Rosa Herold. In: Informationsblatt, (1986), Nr. 1, S. 8f.

Gegenlicht – 60 Jahre GEDOK. Hg. Verband der Gemeinschaften der Künstlerinnen und Kunstfreunde e.V. (GEDOK) in Zusammenarbeit mit der Staatlichen Kunsthalle Berlin. Berlin 1986, S. 80.

Mehnert-Pfabe, Elisabeth: Klöppelspitzen. Ausstellungskatalog des Museums für Kunsthandwerk Leipzig. Leipzig 1987.

Klöppeln in Lied, Bild und Dichtung (Abdruck eines Artikels über Leni Matthaei aus „Deutsche Frauenkleidung und Frauenkultur", Juli 1927, S. 224–227). In: Informationsblatt, 1988, Nr. 1, S. 44f.

Atkinson, Jane: Musterzeichnen für Torchonspitzen. Aus dem Englischen übersetzt und für die deutsche Ausgabe bearbeitet von Claudia Gaillard-Fischer. Bern 1989, S. 13.

Wolf, Marita: Zusammenfassung über Leni Matthaeis Schaffen. Anhang zur Diplomarbeit an der Hochschule für Technik und Wirtschaft Zwickau, Fachbereich Angewandte Kunst, Schneeberg. Unveröffentlichtes Manuskript. Schneeberg 1994.

Wolf, Marita: Spitzenkunst der Moderne. Dia-Vortrag auf dem Kongreß in Annaberg-Buchholz. In: Die Spitze. Informationsblatt, (1995), Nr. 3, S. 10f.

Zimmermann, Christa: Leni Matthaei. In: Die Spitze. Informationsblatt, (1995), Nr. 3, S. 12f.

Deutsche Klöppelspitzen von Leni Matthaei mit 49 Abbildungen und einem Musterbogen mit 48 Klöppelbriefen. Neuausgabe Leipzig 1995, Originalausgabe 1925.

Neureuther, Margret: Leni Matthaei. In: Spitzen des 20. Jahrhunderts. 1900–1950. Hg. Deutscher Klöppelverband e. V., Übach-Palenberg 1995, S. 142–145.

Spitze – Luxus zwischen Tradition und Avantgarde. Hg. Gisela Framke, Museum für Kunst und Kulturgeschichte der Stadt Dortmund. Heidelberg 1995, S. 52–74.

Leihgeber

Christine Coulin, St. Johann-Gächingen
Susanne Fischer, Bad Wurzach
Dieter und Ortrud Jaensch, Krickenbach
Dr. Marga Klopp, Reutlingen
Ingrid Mayr, Mosbach
Carola Pauly, Oberursel
Christa Zimmermann, Holzgerlingen

Kunstgewerbemuseum der Staatlichen Kunstsammlungen Dresden
Museum für Kunst und Gewerbe Hamburg
Museum für Angewandte Kunst Köln
Deutsches Textilmuseum Krefeld
Museum Nienburg an der Weser
The Museum of Modern Art New York
Textilmuseum St. Gallen
Württembergisches Landesmuseum Stuttgart

Deutscher Klöppelverband e.V.

Dank

Für vielfältige Unterstützung sagen wir Dank

Helga Aengeneynd, Mettmann
Dr. Barfod, Lüneburg
Dr. M. Bauer, Frankfurt
Elke Beck, Köln
R. ter Beeke, Enschede
Brigitte Bellon, Reutlingen
Guus Boekhorst, Tilburg
Clare W. Browne, London
Gaëlle Bruand, Paris
Christine Coulin, St. Johann-Gächingen
Dr. Gabriele Dreisbusch, Schwäbisch Gmünd
Albertine Elwert, Reutlingen
Dr. Brigitte Falk, Hannover
Susanne Fischer, Bad Wurzach
Dr. Gisela Framke, Dortmund
Marianne Gächter-Weber, St. Gallen
Dorothea Goltermann, Reutlingen
Familie Härter, Reutlingen
M. v. Hammerstein, Hannover
Sabine Hassel, Krefeld
Hildegard Hermann, Münster/Westfalen
Dr. Brigitte Herrbach-Schmidt, Karlsruhe
Dr. Jörg Hucklenbroich, Stuttgart
Dieter und Ortrud Jaensch, Krickenbach
Dr. Igor A. Jenzen, Dresden
Ilse Klasen, Hamburg
Erika Klopp, Traben-Trarbach
Dr. Marga Klopp, Reutlingen
Rosmarie Klopp, Winterbach
Barbara Koch-Münchmeyer, Hannover
Thomas Köllhofer, Mannheim
Frau Koksch, Schneeberg
Franz Kornbacher, Abenberg
Martina Kornfeld, Reutlingen
Hanna Krieg, Herrenberg
Babette Küster, Leipzig
Luisa Lorch, New York
Ingrid Mayr, Mosbach
Inge Mühlensiepen, Mölln
Carla Müller-Sauer, Reutlingen
Prof. Dr. Barbara Mundt, Berlin
Gertrud Nägeli, Mainz
Francis Van Noten, Brüssel
Astrid Olpp, Reutlingen
Dr. Eilert Ommen, Nienburg an der Weser
Carola Pauly, Oberursel
Frau Petzold, Celle
Herr Reck, Tübingen
Karl und Ursula Scheid, Büdingen-Düdelsheim
Siegfried Schober, Plauen
Bernd Schreiter, Annaberg-Buchholz
Marianne Stang, Übach-Palenberg
Ursula Strate, Hamburg
Ineke H. Tirion-Beijerinck, Rotterdam
Brigitte Wichlei, Bad Soden-Salmünster
Blanda Winter, Wien
Marita Wolf, Berlin
Dr. Rainer Y, Stuttgart
Christa Zimmermann, Holzgerlingen
Léon Zylbergeld, Brüssel

Bildnachweis

Kunstgewerbemuseum der Staatlichen Kunstsammlungen Dresden: S. 61, 73, 75.
Museum für Angewandte Kunst Köln: S. 88.
Museum für Kunst und Gewerbe Hamburg: S. 93.
Näher, Carl: S. 50.
Neumann, Peter: S. 29, 62, 63, 65, 66, 73, 76, 77, 78, 80, 81, 90–92, 95–97, 100–104, 109, 110.
Renger-Patzsch: S. 85.
Textilmuseum St. Gallen: S. 64.
Verlag Alexander Koch: S. 14.
Verlag Th. Schäfer: S. 25.
Württembergisches Landesmuseum Stuttgart: S. 60, 67, 69, 98, 99, 105.